PLNĚNÉ: SENDVIČ SUŠENKA KNIHA

100 lahodných vrstev sladkosti

Vlasta Šebková

Materiál chráněný autorským právem ©2024

Všechna práva vyhrazena

Žádná část této knihy nesmí být použita nebo přenášena v jakékoli formě nebo jakýmikoli prostředky bez řádného písemného souhlasu vydavatele a vlastníka autorských práv, s výjimkou krátkých citací použitých v recenzi . Tato kniha by neměla být považována za náhradu lékařských, právních nebo jiných odborných rad.

OBSAH

- OBSAH 3
- ÚVOD 6
- **ČOKOLÁDOVÉ PÁROVÁNÍ** 7
  1. Čokoládové sušenky a vanilkový sendvič 8
  2. Čoko-chipové zmrzlinové sendviče 10
  3. Čokoládové sušenky s mátou sendviče 12
  4. Čokoládová sojová zmrzlina 14
  5. Dvojité čokoládové sendviče 16
  6. Čokoládový sendvič s kokosovou zmrzlinou 18
  7. Fudge Swirl Sandwich 20
  8. Trojitý čokoládový brownie sendvič 22
  9. Mátový čokoládový sendvič 24
  10. Sendvič s arašídovým máslem a čokoládou 26
  11. Oříškový čokoládový vaflový sendvič 28
  12. Mexický čokoládový chilli sendvič 30
  13. Sendvič so slaným karamelem a čokoládou 32
  14. Malinový hořkočokoládový makaronový sendvič 34
  15. Kokosově čokoládový mandlový sendvič 36
  16. Oreo čokoládové sušenky a smetanový sendvič 38
  17. Hershey's Ice Cream Sandwich 40
  18. Toblerone zmrzlinový sendvič 42
  19. Zmrzlinový sendvič Cadbury 44
  20. Zmrzlinový sendvič Godiva 46
  21. Zmrzlinový sendvič Ferrero Rocher 48
  22. Zmrzlinový sendvič Ghirardelli 50
- **PÁROVÁNÍ OŘECH** 52
  23. Mandlové sendviče 53
  24. Kešu mátová zmrzlina 55
  25. Zázvorová zmrzlina 57
  26. sendviče s arašídovou čokoládou 59
  27. Mandlové zmrzlinové sendviče 61
  28. Sendviče s pistáciovou a malinovou zmrzlinou 63
  29. Ořechové a karamelové spirálové zmrzlinové sendviče 65
  30. Sendviče se zmrzlinou z lískových oříšků a espressa 67
  31. Zmrzlinový sendvič s kousky pistáciové čokolády 69
  32. Oříškový pralinkový zmrzlinový sendvič 71
  33. Ořechový javorový zmrzlinový sendvič 73
  34. Kešu karamelový křupavý zmrzlinový sendvič 75
  35. Zmrzlinový sendvič s makadamovým ořechem a bílou čokoládou 77
  36. Sendvič s mandlovou zmrzlinou s arašídovým máslem 79
  37. Pekanový pralinkový zmrzlinový sendvič 81
  38. Zmrzlinový sendvič s kousky čokolády s para ořechy 83
  39. Sendvič s míchanou ořechovou karamelovou zmrzlinou 85
- **OVOCNÉ PÁROVÁNÍ** 87

40. Banány pro sendviče s čokoládovou zmrzlinou 88
41. Sendviče s rebarborou Midwest 90
42. Koláčová třešňová spirála kokosová zmrzlina 92
43. Jahodové italské sendviče 95
44. Zmrzlinové sendviče s jahodovým koláčem 97
45. sendviče se zmrzlinou 99
46. Borůvkové a citronové zmrzlinové sendviče 101
47. Sendviče s mangovou kokosovou zmrzlinou 103
48. sendviče s malinou bílou čokoládou 105
49. Malinový cheesecake zmrzlinový sendvič 107
50. Ananasový sendvič s kokosovou zmrzlinou 109
51. Zmrzlinový sendvič Peach Melba 111
52. Sandwich se zmrzlinou s melounem a mátou 113
53. Kiwi limetkový zmrzlinový sendvič 115
54. Blackberry levandulový zmrzlinový sendvič 117
55. Míchaný sendvič s jahodovým jogurtem a zmrzlinou 119

PIKÁRNÉ PÁROVÁNÍ 121

56. Kořeněná ořechová zmrzlina 122
57. Sendviče s cuketovým kořením 124
58. Mexické čokoládové zmrzlinové sendviče 126
59. Pikantní mangové sendviče se zmrzlinou Habanero 128
60. Čokoládová zmrzlina Chipotle Sendviče 130
61. Jalapeno limetkové zmrzlinové sendviče 132
62. sendviče s karamelovou zmrzlinou 134
63. Čokoládový sendvič se zmrzlinou Chipotle 136
64. Pikantní sendvič se skořicovou kayenskou zmrzlinou 138
65. Pikantní čokoládový chili zmrzlinový sendvič 140
66. Sendvič se zmrzlinou Sriracha s arašídovým máslem 142
67. Pikantní sendvič s kokosovou kari zmrzlinou 144
68. Pikantní zázvorový kurkumový zmrzlinový sendvič 146
69. Pikantní ananasový sendvič se zmrzlinou Jalapeno 148
70. Pikantní malinový zmrzlinový sendvič 150
71. Pikantní třešňový čokoládový zmrzlinový sendvič 152

PÁROVÁNÍ NA BÁZI ČAJU 154

72. Sendvič se zmrzlinou Chai Nut 155
73. Earl Grey levandulové zmrzlinové sendviče 157
74. Sendviče se zmrzlinou ze zeleného čaje Matcha 159
75. Sendviče se zmrzlinou s kořením Chai 161
76. sendviče s citronem a zázvorem 163
77. sendviče s jasmínovým zeleným čajem 165

PÁROVÁNÍ NA KÁVĚ 167

78. Kávové sendviče Zing 168
79. Mocha mandlové zmrzlinové sendviče 170
80. sendviče Macchiato 172
81. Oříškové affogato zmrzlinové sendviče 174
82. Espresso brownie a sendvič s kávovou zmrzlinou 176

83. Kávový dort a moka mandlový zmrzlinový sendvič 178
PÁROVÁNÍ ZALOŽENÉ NA DORTU 180
  84. Sendvič se sójovou zmrzlinou z dortového těsta 181
  85. Red Velvet Cheesecake zmrzlinové sendviče 183
  86. sendviče s arašídovým máslem 185
  87. Zmrzlinové sendviče s citronem a malinou 187
  88. Mrkvový dort smetanový sýr zmrzlinové sendviče 189
  89. sendviče se zmrzlinou 191
  90. Čokoládový dort a sušenky a smetanový zmrzlinový sendvič 193
  91. Vanilkový piškotový dort a jahodový tvarohový zmrzlinový sendvič 195
  92. Mrkvový dort a skořicový zmrzlinový sendvič 197
PÁROVÁNÍ ZALOŽENÉ NA BROWNIE 199
  93. Zmrzlinové sendviče se slaným karamelem 200
  94. Sušenky a smetanové brownie zmrzlinové sendviče 202
  95. Zmrzlinové sendviče z malinového fudge brownie 204
  96. Sendvič s mátovým brownie a chipsovou zmrzlinou 206
  97. Zmrzlinový sendvič s arašídovým máslem 208
  98. Malinový Fudge Brownie a sendvič se zmrzlinou 210
  99. S'mores Brownie a marshmallow zmrzlinový sendvič 212
  100. Red Velvet Brownie a smetanový sýr zmrzlinový sendvič 214
ZÁVĚR 216

ÚVOD

Vítejte v " PLNĚNÉ: SENDVIČ SUŠENKA KNIHA - 100 Delicious Layers of Sweetness." Sendvičové sušenky se svou neodolatelnou kombinací dvou vrstev sušenek s krémovou náplní jsou milovanou pochoutkou, kterou si pochutnávají lidé všech věkových kategorií. V této kuchařce vás zveme k prozkoumání světa plněných sendvičových sušenek se sbírkou 100 lahodných receptů, které uspokojí vaše mlsné jazýčky a potěší vaše chuťové pohárky.

Sendvičové sušenky jsou víc než jen dezert; jsou plátnem pro kreativitu a požitek. V této kuchařce představíme nekonečné možnosti plněných sendvičových sušenek, od klasických kombinací, jako je čokoláda a vanilka, až po inovativní příchutě, jako je arašídové máslo a želé, s'mores a další. Na těchto stránkách najdete spoustu inspirace, ať už pečete pro zvláštní příležitost, sváteční oslavu nebo prostě jen toužíte po sladkém dobrotě.

Každý recept v této kuchařce je vytvořen s péčí a pozorností k detailu, což zajišťuje dokonalé výsledky při každém pečení. Od jemných vrstev sušenek až po krémové náplně, každé sousto je symfonií chutí a textur, které ve vás vzbudí další chuť. Díky jasným pokynům, užitečným tipům a úžasným fotografiím vám „PLNĚNÉ: SENDVIČ SUŠENKA KNIHA" usnadňuje vytváření krásných a lahodných pochoutek ve vaší kuchyni.

Předehřejte si troubu, oprašte plechy na pečení a připravte se dopřát si 100 vrstev sladkosti s „PLNĚNÉ: SENDVIČ SUŠENKA KNIHA" jako vaším průvodcem. Ať už pečete pro sebe, svou rodinu nebo při zvláštní příležitosti, tyto recepty určitě zaujmou a potěší každé sousto.

ČOKOLÁDOVÉ PÁROVÁNÍ

1. Čokoládové sušenky a vanilkový sendvič

SLOŽENÍ:
- ⅓ šálku nemléčného margarínu při pokojové teplotě
- ⅔ šálku odpařeného třtinového cukru
- 2 lžíce nemléčného mléka
- ¼ lžičky jemného octa
- 1 lžička vanilkového extraktu
- ¾ šálku nebělené víceúčelové mouky
- ⅓ šálku neslazeného kakaa na pečení, prosátého
- ½ lžičky prášku do pečiva
- ⅛ lžičky soli

INSTRUKCE:
a) Předehřejte troubu na 375 °F. Plech vyložte pečícím papírem.
b) Ve střední misce smíchejte margarín a cukr. Vmíchejte mléko, ocet a vanilku.
c) V malé misce smíchejte mouku, kakao, prášek do pečiva a sůl. Suché ingredience přidáme k mokrým a důkladně promícháme.
d) Vyklopíme na připravený plech. Na těsto položte list voskovaného papíru a rozválejte ho na čtverec silný asi ¼ palce.
e) Odstraňte voskovaný papír a pečte 10 až 12 minut, dokud okraje neztuhnou a lehce nafoukne . Bude se zdát měkká a ne zcela upečená, ale je.
f) Vyndejte z trouby a nechte asi 15 minut vychladnout na plechu na mřížce. Sušenky opatrně nakrájejte do požadovaného tvaru. Můžete je použít vykrajovátka na sklenice nebo sušenky, abyste je udělali kulaté, nebo je těsto nakrájejte na stejně velké čtverce.
g) Vyjměte sušenky z plechu a nechte je vychladnout na mřížce.

2. Čoko-chipové zmrzlinové sendviče

SLOŽENÍ:
- 2 šálky nebělené víceúčelové mouky
- 1 lžička jedlé sody
- ¼ lžičky soli
- ½ hrnku odpařeného třtinového cukru
- ½ šálku baleného hnědého cukru
- 1 šálek nemléčného margarínu, změkčeného
- 1 lžička kukuřičného škrobu
- 2 lžíce nemléčného mléka
- 1 lžička vanilkového extraktu
- ¾ šálku polosladkých čokoládových lupínků

INSTRUKCE:
a) Předehřejte troubu na 350 °F. Dva plechy vyložte pečicím papírem.
b) Ve velké míse prosejeme mouku, jedlou sodu a sůl. V druhé velké míse smíchejte třtinový cukr, hnědý cukr a margarín.
c) V mléce rozpusťte kukuřičný škrob a přidejte do směsi cukru spolu s vanilkou. Suché ingredience přidávejte po dávkách k mokrým a míchejte, dokud se nespojí, poté vmíchejte čokoládové lupínky.
d) Pomocí kapátka na sušenky nebo polévkové lžíce kápněte na připravené plechy asi 2 palce od sebe vrchovaté kopečky těsta.
e) Pečte 8 až 10 minut, nebo dokud okraje lehce nezezlátnou.
f) Vyjměte z trouby a nechte 5 minut vychladnout na pánvi, poté přendejte na mřížku.
g) Sušenky necháme úplně vychladnout. Skladujte ve vzduchotěsné nádobě

3.Čokoládové sušenky s mátou sendviče

SLOŽENÍ:
- ⅔ šálku nemléčného margarínu, změkčeného
- 1 hrnek odpařeného třtinového cukru
- 1 lžička vanilkového extraktu
- 1¼ šálku nebělené univerzální mouky
- ½ šálku neslazeného kakaa na pečení, prosátého
- ½ lžičky prášku do pečiva
- ⅛ lžičky soli

INSTRUKCE:
a) Předehřejte troubu na 375 °F. Dva plechy vyložte pečicím papírem.
b) Ve velké míse smíchejte margarín, cukr a vanilku. V malé misce smíchejte mouku, kakao, prášek do pečiva a sůl.
c) Suché ingredience přidáme k mokrým a důkladně promícháme.
d) Na připravené plechy dejte vrchovaté lžíce těsta asi 2 palce od sebe.
e) Pečte 10 až 12 minut, nebo dokud se sušenky neroztečou a okraje nezpevní.
f) Vyjměte z trouby a nechte 5 minut vychladnout na pánvi, poté přendejte na mřížku.
g) Sušenky necháme úplně vychladnout. Skladujte ve vzduchotěsné nádobě

4. Čokoládová sojová zmrzlina

SLOŽENÍ:
- ¾ šálku odpařeného třtinového cukru
- ⅓ šálku neslazeného kakaa na pečení, prosátého
- 1 lžíce tapiokového škrobu
- 2½ hrnku sójového nebo konopného mléka (plnotučného)
- 2 lžičky kokosového oleje
- 2 lžičky vanilkového extraktu

INSTRUKCE:
a) Ve velkém hrnci smíchejte cukr, kakao a tapiokový škrob a šlehejte, dokud se kakao a škrob nezačlení do cukru. Nalijte mléko, promíchejte, aby se zapracovalo.
b) Na středním plameni za častého šlehání přiveďte směs k varu.
c) Jakmile dosáhne varu, snižte teplotu na středně nízkou a neustále šlehejte, dokud směs nezhoustne a nepokryje zadní část lžíce, asi 5 minut.
d) Sundejte z ohně, přidejte kokosový olej a vanilku a promíchejte, aby se vše spojilo.
e) Směs přendejte do žáruvzdorné misky a nechte zcela vychladnout.
f) Nalijte směs do misky 1½ nebo 2-litrového zmrzlinovače a zpracujte podle pokynů výrobce.
g) Před sestavením sendvičů skladujte ve vzduchotěsné nádobě v mrazáku alespoň 2 hodiny.

NA VÝROBU CHLEBÍČKŮ
h) Nechte zmrzlinu mírně změknout, aby se dala snadno nabírat. Polovinu sušenek položte dnem nahoru na čistý povrch. Naberte na vršek každé sušenky jeden štědrý kopeček zmrzliny, asi ⅓ šálku. Navrch zmrzlinu vložte zbývající sušenky tak, aby se spodní části dotýkaly zmrzliny.
i) Jemně na sušenky zatlačte, aby se vyrovnaly.
j) Každý sendvič zabalte do plastové fólie nebo voskovaného papíru a před podáváním vraťte do mrazničky alespoň na 30 minut.

5. Dvojité čokoládové sendviče

SLOŽENÍ:
- 1 šálek nebělené víceúčelové mouky
- ½ šálku neslazeného kakaa na pečení, prosátého
- ½ lžičky jedlé sody
- ¼ lžičky soli
- ¼ šálku nemléčných čokoládových lupínků, rozpuštěných
- ½ šálku nemléčného margarínu, změkčeného
- 1 hrnek odpařeného třtinového cukru
- 1 lžička vanilkového extraktu

INSTRUKCE:
a) Předehřejte troubu na 325 °F. Dva plechy vyložte pečicím papírem.
b) Ve střední míse smíchejte mouku, kakaový prášek, jedlou sodu a sůl.
c) Ve velké míse pomocí elektrického ručního mixéru smetanujte rozpuštěné čokoládové lupínky, margarín, cukr a vanilku, dokud se dobře nespojí.
d) Suché ingredience přidávejte k mokrým po dávkách, dokud se zcela nezapracují.
e) Naberte malé kuličky těsta o velikosti velkého mramoru (zhruba 2 lžičky) na připravené plechy na pečení asi 2 palce od sebe.
f) Lehce namažte zadní stranu polévkové lžíce a jemně a rovnoměrně zatlačte na každou sušenku, dokud není zploštělá a měří asi 1,5 palce na šířku. Pečte 12 minut, nebo dokud okraje neztuhnou. Pokud pečete oba plechy současně, v polovině plechy otočte.
g) Po vytažení z trouby nechte sušenky 5 minut vychladnout na pánvi a poté přendejte na mřížku. Sušenky necháme úplně vychladnout. Skladujte ve vzduchotěsné nádobě

6. Čokoládový sendvič s kokosovou zmrzlinou

SLOŽENÍ:
- ¾ šálku odpařeného třtinového cukru
- ⅓ šálku neslazeného kakaa na pečení, prosátého
- 1 (13,5 unce) plechovka plnotučného kokosového mléka (ne světlé)
- 1 šálek nemléčného mléka
- 1 lžička vanilkového extraktu

INSTRUKCE:
a) Ve velkém hrnci smíchejte cukr a kakao a šlehejte, dokud se kakao nezapracuje do cukru. Nalijte kokosové mléko a další nemléčné mléko a promíchejte, aby se zapracovalo. Na středním plameni za častého šlehání přiveďte směs k varu.

b) Jakmile dosáhne varu, snižte teplotu na středně nízkou a neustále šlehejte, dokud se cukr nerozpustí , asi 5 minut. Odstraňte z ohně a přidejte vanilku, šlehejte, aby se spojila.

c) Směs přendejte do žáruvzdorné misky a nechte zcela vychladnout.

d) Nalijte směs do misky 1½ nebo 2-litrového zmrzlinovače a zpracujte podle pokynů výrobce. Před sestavením sendvičů skladujte ve vzduchotěsné nádobě v mrazáku alespoň 2 hodiny.

NA VÝROBU CHLEBÍČKŮ
e) Nechte zmrzlinu mírně změknout, aby se dala snadno nabírat. Polovinu sušenek položte dnem nahoru na čistý povrch. Naberte na vršek každé sušenky jeden štědrý kopeček zmrzliny, asi ⅓ šálku. Navrch zmrzlinu vložte zbývající sušenky tak, aby se spodní části dotýkaly zmrzliny.

f) Jemně na sušenky zatlačte, aby se vyrovnaly. Každý sendvič zabalte do plastové fólie nebo voskovaného papíru a před podáváním vraťte do mrazáku alespoň na 30 minut.

7. Fudge Swirl Sandwich

SLOŽENÍ:
- ¼ šálku polosladkých čokoládových lupínků
- 1 lžíce nemléčného mléka
- 2 lžíce nemléčného margarínu

INSTRUKCE:
a) V misce vhodné do mikrovlnné trouby ohřejte čokoládové lupínky a mléko v 15sekundových krocích a mezi nimi zamíchejte.
b) Jakmile je čokoláda rozpuštěná , dobře prošlehejte, aby se přidala do mléka.
c) Přidejte margarín a dobře promíchejte.
d) Nechte vychladnout na pokojovou teplotu.

8. Trojitý čokoládový brownie sendvič

SLOŽENÍ:
1 šálek nesoleného másla
2 šálky krystalového cukru
4 velká vejce
1 lžička vanilkového extraktu
1 hrnek univerzální mouky
1/2 šálku neslazeného kakaového prášku
1/4 lžičky soli
2 šálky čokoládové zmrzliny
1/2 šálku čokoládových lupínků

INSTRUKCE:
Předehřejte troubu na 350 °F (175 °C) a vymažte pekáč o rozměrech 9 x 13 palců.
V misce vhodné do mikrovlnné trouby rozpusťte máslo. Přidejte cukr, vejce a vanilkový extrakt a šlehejte, dokud se dobře nespojí.
V samostatné misce smíchejte mouku, kakaový prášek a sůl. Postupně přidávejte suché ingredience k mokrým a míchejte, dokud se nespojí.
Vmíchejte čokoládové lupínky. Těsto nalijte do připraveného pekáče a rovnoměrně rozetřete.
Pečte 25–30 minut nebo dokud párátko zapíchnuté do středu nevyjde s několika vlhkými strouhankami.
Brownies nechte úplně vychladnout. Nakrájíme na čtverečky.
Vezměte kopeček čokoládové zmrzliny a položte ji na spodní stranu jednoho čtverečku brownie. Navrch dejte další čtvereček brownie a jemně přitlačte k sobě.
Opakujte se zbývajícími čtverečky brownie a zmrzlinou. Před podáváním zmrazte alespoň 1 hodinu.

9. Mátový čokoládový sendvič

SLOŽENÍ:

- 1 3/4 šálku univerzální mouky
- 1/2 šálku neslazeného kakaového prášku
- 1/2 lžičky jedlé sody
- 1/4 lžičky soli
- 1/2 šálku nesoleného másla, změkčeného
- 1 šálek krystalového cukru
- 1 velké vejce
- 1 lžička vanilkového extraktu
- 1/2 lžičky extraktu z máty peprné
- Zelené potravinářské barvivo (volitelné)
- 2 šálky mátové čokoládové zmrzliny

INSTRUKCE:

Předehřejte troubu na 350 °F (175 °C) a vyložte plech pečicím papírem.

Ve střední míse smíchejte mouku, kakaový prášek, jedlou sodu a sůl.

Ve velké míse ušlehejte máslo a krystalový cukr, dokud nebude světlá a nadýchaná. Přidejte vejce, vanilkový extrakt, extrakt z máty peprné a zelené potravinářské barvivo (pokud používáte) a míchejte, dokud se dobře nespojí.

Postupně přidávejte suché ingredience k mokrým a míchejte, dokud se nespojí.

Zaoblené polévkové lžíce těsta nasypte na připravený plech a zadní částí lžíce mírně zploštte.

Pečte 10–12 minut, nebo dokud okraje neztuhnou. Sušenky nechte úplně vychladnout.

Po vychladnutí naberte na spodní stranu jedné sušenky malé množství mátové čokoládové zmrzliny. Navrch položte další sušenku a jemně přitlačte k sobě.

Opakujte se zbývajícími sušenkami a zmrzlinou. Před podáváním zmrazte alespoň 1 hodinu.

10.Sendvič s arašídovým máslem a čokoládou

SLOŽENÍ:

- 1/2 šálku nesoleného másla, změkčeného
- 1/2 šálku krémového arašídového másla
- 1/2 hrnku krystalového cukru
- 1/2 šálku baleného hnědého cukru
- 1 velké vejce
- 1 lžička vanilkového extraktu
- 1 1/4 šálku univerzální mouky
- 1/2 šálku neslazeného kakaového prášku
- 1/2 lžičky jedlé sody
- 1/4 lžičky soli
- 2 šálky čokoládové točené zmrzliny

INSTRUKCE:

Předehřejte troubu na 350 °F (175 °C) a vyložte plech pečicím papírem.

Ve velké míse ušlehejte máslo, arašídové máslo, krystalový cukr a hnědý cukr, dokud nebudou světlé a nadýchané. Přidejte vejce a vanilkový extrakt a míchejte, dokud se dobře nespojí.

V samostatné misce smíchejte mouku, kakaový prášek, jedlou sodu a sůl. Postupně přidávejte suché ingredience k mokrým a míchejte, dokud se nespojí.

Zaoblené polévkové lžíce těsta nasypte na připravený plech a zadní částí lžíce mírně zploštte.

Pečte 10–12 minut, nebo dokud okraje neztuhnou. Sušenky nechte úplně vychladnout.

Po vychladnutí naberte na spodní stranu jedné sušenky malé množství čokoládové zmrzliny. Navrch položte další sušenku a jemně přitlačte k sobě.

Opakujte se zbývajícími sušenkami a zmrzlinou. Před podáváním zmrazte alespoň 1 hodinu.

11. Oříškový čokoládový vaflový sendvič

SLOŽENÍ:
2 hrnky univerzální mouky
1/2 šálku neslazeného kakaového prášku
1/4 hrnku krystalového cukru
2 lžičky prášku do pečiva
1/2 lžičky soli
2 šálky mléka
2 velká vejce
1/4 šálku nesoleného másla, rozpuštěného
1 lžička vanilkového extraktu
2 šálky lískooříškové čokoládové zmrzliny

INSTRUKCE:
Předehřejte vaflovač podle pokynů výrobce.
Ve velké míse smíchejte mouku, kakaový prášek, krupicový cukr, prášek do pečiva a sůl.
V samostatné misce smíchejte mléko, vejce, rozpuštěné máslo a vanilkový extrakt.
Postupně přidávejte mokré ingredience k suchým a šlehejte, dokud se nespojí.
Těsto nalijte na předehřátou vaflovač a vařte podle pokynů výrobce, dokud nebude křupavé a propečené.
Vafle nechte mírně vychladnout a poté je nakrájejte na čtverce nebo obdélníky.
Vezměte kopeček oříškové čokoládové zmrzliny a položte ji na spodní stranu jednoho kousku vafle. Navrch dejte další kousek vafle a jemně přitlačte k sobě.
Opakujte se zbývajícími kousky vafle a zmrzlinou. Před podáváním zmrazte alespoň 1 hodinu.

12. Mexický čokoládový chilli sendvič

SLOŽENÍ:

- 1 3/4 šálku univerzální mouky
- 1/2 šálku neslazeného kakaového prášku
- 1 lžička mleté skořice
- 1/2 čajové lžičky mletého chilli
- 1/2 lžičky jedlé sody
- 1/4 lžičky soli
- 1/2 šálku nesoleného másla, změkčeného
- 1 šálek krystalového cukru
- 1 velké vejce
- 1 lžička vanilkového extraktu
- 2 šálky mexické čokoládové zmrzliny

INSTRUKCE:

Předehřejte troubu na 350 °F (175 °C) a vyložte plech pečicím papírem.

Ve střední míse smíchejte mouku, kakaový prášek, mletou skořici, mleté chilli, jedlou sodu a sůl.

Ve velké míse ušlehejte máslo a krystalový cukr, dokud nebude světlá a nadýchaná. Přidejte vejce a vanilkový extrakt a míchejte, dokud se dobře nespojí.

Postupně přidávejte suché ingredience k mokrým a míchejte, dokud se nespojí.

Zaoblené polévkové lžíce těsta nasypte na připravený plech a zadní částí lžíce mírně zploštte.

Pečte 10–12 minut, nebo dokud okraje neztuhnou. Sušenky nechte úplně vychladnout.

Po vychladnutí naberte na spodní stranu jedné sušenky malé množství mexické čokoládové zmrzliny. Navrch položte další sušenku a jemně přitlačte k sobě.

Opakujte se zbývajícími sušenkami a zmrzlinou. Před podáváním zmrazte alespoň 1 hodinu.

13. Sendvič so slaným karamelem a čokoládou

SLOŽENÍ:

- 1 1/2 šálku univerzální mouky
- 1/2 šálku neslazeného kakaového prášku
- 1/2 lžičky jedlé sody
- 1/4 lžičky soli
- 1/2 šálku nesoleného másla, změkčeného
- 1/2 hrnku krystalového cukru
- 1/2 šálku baleného hnědého cukru
- 1 velké vejce
- 1 lžička vanilkového extraktu
- 1/2 šálku nakrájených preclíků
- 1/2 šálku slané karamelové zmrzliny
- Preclíky, na ozdobu (volitelné)

INSTRUKCE:

Předehřejte troubu na 350 °F (175 °C) a vyložte plech pečicím papírem.

Ve střední míse smíchejte mouku, kakaový prášek, jedlou sodu a sůl.

Ve velké míse ušlehejte máslo, krystalový cukr a hnědý cukr, dokud nebudou světlé a nadýchané. Přidejte vejce a vanilkový extrakt a míchejte, dokud se dobře nespojí.

Postupně přidávejte suché ingredience k mokrým a míchejte, dokud se nespojí.

Vmícháme nakrájené preclíky. Zaoblené polévkové lžíce těsta nasypte na připravený plech a zadní částí lžíce mírně zploštte.

Pečte 10–12 minut, nebo dokud okraje neztuhnou. Sušenky nechte úplně vychladnout.

Po vychladnutí naberte na spodní stranu jedné sušenky malé množství slané karamelové zmrzliny. Navrch položte další sušenku a jemně přitlačte k sobě.

Volitelné: Okraje zmrzlinového sendviče srolujte do drcených preclíků na ozdobu. Před podáváním zmrazte alespoň 1 hodinu.

14. Malinový hořkočokoládový makaronový sendvič

SLOŽENÍ:
1 1/4 šálku moučkového cukru
3/4 hrnku mandlové mouky
2 lžíce neslazeného kakaového prášku
2 velké bílky
1/4 hrnku krystalového cukru
1/4 lžičky soli
1/2 šálku malinového sorbetu
1/2 šálku rozpuštěné tmavé čokolády

INSTRUKCE:
Předehřejte troubu na 300 °F (150 °C) a vyložte plech pečicím papírem.
Ve střední míse prosejeme moučkový cukr, mandlovou mouku a kakao.
V samostatné misce ušlehejte bílky na střední rychlost do pěny. Postupně přidávejte krystalový cukr a sůl a pokračujte v šlehání, dokud se nevytvoří tuhé vrcholy.
Jemně vmíchejte suché ingredience do směsi vaječných bílků, dokud se úplně nespojí, dávejte pozor, abyste nepřemíchali.
Těsto přendejte do sáčku s kulatou špičkou . Na připravený plech nandejte malá kolečka.
Několikrát poklepejte plechem na desku, aby se uvolnily vzduchové bubliny. Makronky nechte 30 minut uležet při pokojové teplotě, aby se vytvořila slupka.
Pečte 15–18 minut, nebo dokud nejsou makronky na dotek pevné. Nechte je zcela vychladnout.
Po vychladnutí naneste malé množství malinového sorbetu na plochou stranu jedné skořápky makaronů. Navrch dejte další macaronovou skořápku a jemně přitlačte k sobě.
Okraje macaronového sendviče namočte do rozpuštěné tmavé čokolády.
Před podáváním zmrazte alespoň 1 hodinu.

15. Kokosově čokoládový mandlový sendvič

SLOŽENÍ:
1 1/2 hrnku slazeného strouhaného kokosu
1/2 šálku slazeného kondenzovaného mléka
1/2 lžičky vanilkového extraktu
1/4 lžičky mandlového extraktu
1/2 šálku nasekaných mandlí
2 šálky čokoládové kokosové zmrzliny

INSTRUKCE:
Ve střední misce smíchejte strouhaný kokos, slazené kondenzované mléko, vanilkový extrakt, mandlový extrakt a nasekané mandle. Míchejte, dokud se dobře nespojí.
Plech vyložte pečícím papírem. Odeberte asi 2 lžíce kokosové směsi a na připraveném plechu z ní vytvarujte obdélník. Opakováním vytvořte další obdélníky.
Plech dejte na 1 hodinu do mrazáku, aby kokosová směs ztuhla.
Jakmile je kokosová směs tuhá, vezměte kopeček čokoládově kokosové zmrzliny a položte ji na jeden kokosový obdélník. Navrch dejte další kokosový obdélník a jemně přitlačte k sobě.
Opakujte se zbývajícími kokosovými obdélníky a zmrzlinou. Před podáváním zmrazte alespoň 1 hodinu.

16.Oreo čokoládové sušenky a smetanový sendvič

SLOŽENÍ:
2 hrnky univerzální mouky
1/2 šálku neslazeného kakaového prášku
1 lžička prášku do pečiva
1/2 lžičky soli
1/2 šálku nesoleného másla, změkčeného
1 šálek krystalového cukru
2 velká vejce
1 lžička vanilkového extraktu
2 šálky sušenek a smetanové zmrzliny
Drcené sušenky Oreo na ozdobu

INSTRUKCE:
Předehřejte troubu na 350 °F (175 °C) a vyložte plech pečicím papírem.
Ve střední míse smíchejte mouku, kakaový prášek, prášek do pečiva a sůl.
Ve velké míse ušlehejte máslo a krystalový cukr, dokud nebude světlá a nadýchaná. Přidejte vejce a vanilkový extrakt a míchejte, dokud se dobře nespojí.
Postupně přidávejte suché ingredience k mokrým a míchejte, dokud se nespojí.
Zaoblené polévkové lžíce těsta nasypte na připravený plech a zadní částí lžíce mírně zploštte.
Pečte 10–12 minut, nebo dokud okraje neztuhnou. Sušenky nechte úplně vychladnout.
Po vychladnutí naberte malé množství sušenek a smetanové zmrzliny na spodní stranu jedné sušenky. Navrch položte další sušenku a jemně přitlačte k sobě.
Okraje zmrzlinového sendviče zabalte do rozdrcených sušenek Oreo na ozdobu. Před podáváním zmrazte alespoň 1 hodinu.

17. Hershey's Ice Cream Sandwich

SLOŽENÍ:
1 balení čokoládových tyčinek Hershey's
12 čokoládových sušenek
2 šálky vanilkové zmrzliny

INSTRUKCE:
Čokoládové tyčinky Hershey's nalámejte na jednotlivé kousky.
Na plech položte 6 čokoládových oplatkových sušenek dnem vzhůru.
Na každou sušenku položte kousek čokolády Hershey's.
Vezměte kopeček vanilkové zmrzliny a položte ji na čokoládu.
Navrch položte další čokoládovou sušenku a vytvořte sendvič.
Opakujte se zbývajícími sušenkami, čokoládou a zmrzlinou.
Zmrzlinové sendviče před podáváním zmrazte alespoň na 2 hodiny.

18. Toblerone zmrzlinový sendvič

SLOŽENÍ:
1 Čokoládová tyčinka Toblerone
12 čokoládových sušenek
2 šálky čokoládové zmrzliny

INSTRUKCE:
Toblerone nalámejte na malé trojúhelníkové kousky.
Na plech položte 6 čokoládových sušenek dnem vzhůru.
Na každou sušenku položte kousek čokolády Toblerone .
Vezměte kopeček čokoládové zmrzliny a položte ji na čokoládu.
Navrch položte další čokoládovou sušenku a vytvořte sendvič.
Opakujte se zbývajícími sušenkami, čokoládou a zmrzlinou.
Zmrzlinové sendviče před podáváním zmrazte alespoň na 2 hodiny.

19. Zmrzlinový sendvič Cadbury

SLOŽENÍ:
1 čokoládová tyčinka Cadbury Dairy Milk
12 křehkých sušenek
2 šálky karamelové zmrzliny

INSTRUKCE:
Rozbijte čokoládovou tyčinku Cadbury Dairy Milk na jednotlivé kousky.
Na plech položte 6 křehkých sušenek dnem vzhůru.
Na každou sušenku položte kousek čokolády Cadbury.
Vezměte kopeček karamelové zmrzliny a položte ji na čokoládu.
Navrch položte další křehkou sušenku a vytvořte sendvič.
Opakujte se zbývajícími sušenkami, čokoládou a zmrzlinou.
Zmrzlinové sendviče před podáváním zmrazte alespoň na 2 hodiny.

20. Zmrzlinový sendvič Godiva

SLOŽENÍ:
1 krabička Godiva čokoládové lanýže
12 čokoládových grahamových sušenek
2 šálky kávové zmrzliny

INSTRUKCE:
Odstraňte obaly z čokoládových lanýžů Godiva.
Na plech položte 6 čokoládových grahamových sušenek dnem vzhůru.
Navrch každé sušenky položte lanýž Godiva.
Vezměte kopeček kávové zmrzliny a položte ji na lanýže.
Navrch položte další čokoládový grahamový cracker a vytvořte sendvič.
Opakujte se zbývajícími sušenkami, lanýži a zmrzlinou.
Zmrzlinové sendviče před podáváním zmrazte alespoň na 2 hodiny.

21. Zmrzlinový sendvič Ferrero Rocher

SLOŽENÍ:
čokolád Ferrero Rocher
12 čokoládových sušenek
2 šálky lískooříškové zmrzliny

INSTRUKCE:
Odstraňte obaly z čokolád Ferrero Rocher .
Na plech položte 6 čokoládových sušenek dnem vzhůru.
Navrch každé sušenky položte čokoládu Ferrero Rocher .
Vezměte kopeček oříškové zmrzliny a položte ji na čokoládu.
Navrch položte další čokoládovou sušenku a vytvořte sendvič.
Opakujte se zbývajícími sušenkami, čokoládou a zmrzlinou.
Zmrzlinové sendviče před podáváním zmrazte alespoň na 2 hodiny.

22. Zmrzlinový sendvič Ghirardelli

SLOŽENÍ:
1 čokoládová tyčinka Ghirardelli
12 křehkých sušenek v čokoládě
2 šálky mátové čokoládové zmrzliny

INSTRUKCE:
Čokoládovou tyčinku Ghirardelli rozbijte na jednotlivé čtverečky.
Na plech položte 6 křehkých sušenek máčených v čokoládě dnem vzhůru.
Na každou sušenku položte čtvereček čokolády Ghirardelli.
Vezměte kopeček mátové čokoládové zmrzliny a položte ji na čokoládu.
Navrch položte další sušenku máčenou v čokoládě a vytvořte sendvič.
Opakujte se zbývajícími sušenkami, čokoládou a zmrzlinou.
Zmrzlinové sendviče před podáváním zmrazte alespoň na 2 hodiny.

PÁROVÁNÍ OŘECH

23. Mandlové sendviče

SLOŽENÍ:
- 1 šálek nemléčného margarínu, změkčeného
- ¾ šálku odpařeného třtinového cukru, rozdělený
- ½ lžičky mandlového extraktu
- 1 lžička vanilkového extraktu
- 2 šálky nebělené víceúčelové mouky
- ⅓ šálku mletých mandlí

INSTRUKCE:

a) Ve velké míse smíchejte margarín, ½ šálku cukru a mandlový a vanilkový extrakt, dokud se dobře nespojí. V malé misce smíchejte mouku a mleté mandle.

b) Moučnou směs přidávejte do margarínové směsi po dávkách a míchejte, dokud těsto není měkké a hladké.

c) Těsto rozdělte na polovinu a z každé poloviny vytvarujte obdélníkový špalek, asi 5 palců dlouhý, 3 palce široký a 2 palce vysoký. Posypte zbývající ¼ hrnku cukru na čistý povrch a každé poleno v něm zaválejte, aby se povrch pokryl.

d) Každé poleno zabalte do plastové fólie a dejte do lednice alespoň na 2 hodiny.

e) Předehřejte troubu na 375 °F. Dva plechy na cukroví vyložte pečicím papírem.

f) Vyndejte polena z lednice a každé poleno obalte ve zbývajícím cukru, aby se obalil. Ostrým nožem nakrájejte polena na plátky o tloušťce ¼ palce a při řezání přitiskněte strany polena, abyste zachovali jeho tvar.

g) Umístěte nakrájené sušenky na připravené plechy 1 palec od sebe.

h) Pečte 8 až 10 minut, nebo dokud okraje lehce nezhnědnou. Pokud pečete oba plechy současně, v polovině je otočte.

i) Vyjměte z trouby a nechte sušenky 5 minut vychladnout na pánvi, poté přendejte na mřížku. Sušenky necháme úplně vychladnout.

j) Skladujte ve vzduchotěsné nádobě.

24. Kešu mátová zmrzlina

SLOŽENÍ:
- 2 hrnky sójového nebo konopného mléka (plnotučného)
- ¾ šálku odpařeného třtinového cukru
- 1½ lžičky extraktu z máty peprné
- 1 lžička vanilkového extraktu
- 1½ šálku syrových kešu ořechů
- 3 až 4 kapky zeleného potravinářského barviva (volitelné)
- 1/16 lžičky guarové gumy
- ⅓ šálku polosladkých čokoládových hoblin (použijte škrabku na zeleninu na čokoládovou tyčinku)

INSTRUKCE:
a) Ve velkém hrnci smíchejte mléko a cukr. Na středním plameni za častého šlehání přiveďte směs k varu.
b) Jakmile dosáhne varu, snižte teplotu na středně nízkou a neustále šlehejte, dokud se cukr nerozpustí, asi 5 minut.
c) Odstraňte z ohně a přidejte mátový a vanilkový extrakt, šlehejte, aby se spojily.
d) Kešu oříšky dejte na dno žáruvzdorné misky a zalijte je horkou mléčnou směsí. Necháme úplně vychladnout. Po vychladnutí přeneste směs do kuchyňského robota nebo vysokorychlostního mixéru a zpracujte do hladka, přičemž podle potřeby zastavte, abyste oškrábali boky.
e) Přidejte potravinářské barvivo, pokud používáte. Ke konci zpracování přisypte guarovou gumu a ujistěte se, že je dobře zapracována.
f) Nalijte směs do misky 1½ nebo 2-litrového zmrzlinovače a zpracujte podle pokynů výrobce. Jakmile je zmrzlina hotová, jemně vmícháme hobliny čokolády.
g) Před sestavením sendvičů skladujte ve vzduchotěsné nádobě v mrazáku alespoň 2 hodiny.

NA VÝROBU CHLEBÍČKŮ
h) Nechte zmrzlinu mírně změknout, aby se dala snadno nabírat. Polovinu sušenek položte dnem nahoru na čistý povrch. Naberte na vršek každé sušenky jeden štědrý kopeček zmrzliny, asi ⅓ šálku.
i) Navrch zmrzlinu vložte zbývající sušenky tak, aby se spodní části dotýkaly zmrzliny. Jemně zatlačte na sušenky, abyste je vyrovnali.
j) Každý sendvič zabalte do plastového obalu nebo voskovaného papíru a před konzumací vraťte alespoň na 30 minut do mrazáku.

25. Zázvorová zmrzlina

SLOŽENÍ:
- 2 šálky nemléčného mléka (s vyšším obsahem tuku, jako sójové nebo konopné)
- ¾ šálku odpařeného třtinového cukru
- 1 lžička mletého zázvoru
- 1 lžička vanilkového extraktu
- 1½ šálku syrových kešu ořechů
- 1/16 lžičky guarové gumy
- ⅓ šálku jemně nakrájeného kandovaného zázvoru

INSTRUKCE:
a) Ve velkém hrnci prošlehejte mléko a cukr. Na středním plameni za častého šlehání přiveďte směs k varu.
b) Jakmile dosáhne varu, snižte teplotu na středně nízkou a neustále šlehejte, dokud se cukr nerozpustí, asi 5 minut. Sundejte z plotny, přidejte zázvor a vanilku a promíchejte, aby se vše spojilo.
c) Kešu oříšky dejte na dno žáruvzdorné misky a zalijte je horkou mléčnou směsí. Necháme úplně vychladnout. Po vychladnutí přeneste směs do kuchyňského robota nebo vysokorychlostního mixéru a zpracujte do hladka, podle potřeby zastavte, abyste oškrábali boky.
d) Ke konci zpracování přisypte guarovou gumu a ujistěte se, že je dobře zapracována.
e) Nalijte směs do misky 1½ nebo 2-litrového zmrzlinovače a zpracujte podle pokynů výrobce.
f) Jakmile je zmrzlina hotová, jemně vmícháme kandovaný zázvor. Před sestavením sendvičů skladujte ve vzduchotěsné nádobě v mrazáku alespoň 2 hodiny.

NA VÝROBU CHLEBÍČKŮ
g) Nechte zmrzlinu mírně změknout, aby se dala snadno nabírat. Polovinu sušenek položte dnem nahoru na čistý povrch. Naberte na vršek každé sušenky jeden štědrý kopeček zmrzliny, asi ⅓ šálku.
h) Navrch zmrzlinu vložte zbývající sušenky tak, aby se spodní části dotýkaly zmrzliny.
i) Jemně zatlačte na sušenky, abyste je vyrovnali.
j) Každý sendvič zabalte do plastové fólie nebo voskovaného papíru a před podáváním vraťte alespoň na 30 minut do mrazáku.

26. sendviče s arašídovou čokoládou

SLOŽENÍ:
- 1 šálek krémového arašídového másla
- ½ šálku krystalového cukru
- ½ šálku baleného hnědého cukru
- 1 velké vejce
- 1 lžička vanilkového extraktu
- 1 ¼ šálku univerzální mouky
- ½ lžičky prášku do pečiva
- ¼ lžičky soli
- ½ šálku čokoládových lupínků
- 1-litrová čokoládová zmrzlina
- Nasekané arašídy na válení

INSTRUKCE:
a) Předehřejte troubu na 350 °F (175 °C) a vyložte plech pečicím papírem.
b) V mixovací misce ušlehejte arašídové máslo, krystalový cukr a hnědý cukr do hladka. Přidejte vejce a vanilkový extrakt a dobře promíchejte.
c) V samostatné misce smíchejte mouku, prášek do pečiva a sůl. Do směsi arašídového másla postupně přidávejte suché ingredience a míchejte, dokud se nespojí. Vmíchejte čokoládové lupínky.
d) Z těsta vyválejte 1-palcové kuličky a položte je na připravený plech. Každou kuličku zploštěte vidličkou, abyste vytvořili křížový vzor.
e) Pečte 10–12 minut nebo dokud sušenky nezezlátnou. Nechte je zcela vychladnout.
f) Vezměte kopeček čokoládové zmrzliny a vložte ji mezi dvě sušenky. Okraje obalte v nasekaných arašídech pro větší křupavost.
g) Zmrzlinové sendviče dejte do mrazáku alespoň na 1 hodinu, aby před podáváním ztuhly.

27. Mandlové zmrzlinové sendviče

SLOŽENÍ:
- 1 ½ šálku univerzální mouky
- ½ lžičky jedlé sody
- ¼ lžičky soli
- ½ šálku nesoleného másla, změkčeného
- ½ šálku krystalového cukru
- ½ šálku baleného hnědého cukru
- 1 velké vejce
- 1 lžička vanilkového extraktu
- ½ šálku strouhaného kokosu
- ½ šálku nasekaných mandlí
- 1-litrová kokosová nebo mandlová zmrzlina
- Čokoládová ganache nebo rozpuštěná čokoláda na pokapání

INSTRUKCE:
a) Předehřejte troubu na 375 °F (190 °C) a vyložte plech pečicím papírem.
b) V míse smíchejte mouku, jedlou sodu a sůl.
c) V samostatné mixovací misce ušlehejte změklé máslo, krystalový cukr a hnědý cukr, dokud nebudou světlé a nadýchané. Přidejte vejce a vanilkový extrakt a míchejte, dokud se dobře nespojí.
d) Do máslové směsi postupně přidávejte suché ingredience a míchejte, dokud se nespojí. Vmícháme strouhaný kokos a nasekané mandle.
e) Zaoblené polévkové lžíce těsta dejte na připravený plech na pečení ve vzdálenosti asi 2 cm od sebe. Každou kouli těsta mírně zploštíme dlaní.
f) Pečte 10–12 minut, nebo dokud nejsou okraje zlatavě hnědé. Sušenky nechte úplně vychladnout.
g) Vezměte kopeček kokosové nebo mandlové zmrzliny a vložte ji mezi dvě sušenky. Pokapejte čokoládovou ganache nebo rozpuštěnou čokoládou.
h) Zmrzlinové sendviče dejte do mrazáku alespoň na 1 hodinu, aby před podáváním ztuhly.

28. Sendviče s pistáciovou a malinovou zmrzlinou

SLOŽENÍ:
- 1 ½ šálku univerzální mouky
- ½ lžičky jedlé sody
- ¼ lžičky soli
- ½ šálku nesoleného másla, změkčeného
- ½ šálku krystalového cukru
- ½ šálku baleného hnědého cukru
- 1 velké vejce
- 1 lžička vanilkového extraktu
- ½ šálku vyloupaných pistácií, nasekaných
- 1-litrová pistáciová zmrzlina
- Čerstvé maliny na ozdobu

INSTRUKCE:
a) Předehřejte troubu na 375 °F (190 °C) a vyložte plech pečicím papírem.
b) V míse smíchejte mouku, jedlou sodu a sůl.
c) V samostatné mixovací misce ušlehejte změklé máslo, krystalový cukr a hnědý cukr, dokud nebudou světlé a nadýchané. Přidejte vejce a vanilkový extrakt a míchejte, dokud se dobře nespojí.
d) Do máslové směsi postupně přidávejte suché ingredience a míchejte, dokud se nespojí. Vmícháme nakrájené pistácie.
e) Zaoblené polévkové lžíce těsta dejte na připravený plech na pečení ve vzdálenosti asi 2 cm od sebe. Každou kouli těsta mírně zploštíme dlaní.
f) Pečte 10–12 minut, nebo dokud nejsou okraje zlatavě hnědé. Sušenky nechte úplně vychladnout.
g) Vezměte kopeček pistáciové zmrzliny a vložte ji mezi dvě sušenky. Na okraje zmrzliny přitlačte pár čerstvých malin.
h) Zmrzlinové sendviče dejte do mrazáku alespoň na 1 hodinu, aby před podáváním ztuhly.

29. Ořechové a karamelové spirálové zmrzlinové sendviče

SLOŽENÍ:
- 1 ½ šálku univerzální mouky
- ½ lžičky jedlé sody
- ¼ lžičky soli
- ½ šálku nesoleného másla, změkčeného
- ½ šálku krystalového cukru
- ½ šálku baleného hnědého cukru
- 1 velké vejce
- 1 lžička vanilkového extraktu
- ½ šálku nasekaných vlašských ořechů
- 1-litrová karamelová vířivá zmrzlina
- Karamelová omáčka na pokapání

INSTRUKCE:

a) Předehřejte troubu na 375 °F (190 °C) a vyložte plech pečicím papírem.

b) V míse smíchejte mouku, jedlou sodu a sůl.

c) V samostatné mixovací misce ušlehejte změklé máslo, krystalový cukr a hnědý cukr, dokud nebudou světlé a nadýchané. Přidejte vejce a vanilkový extrakt a míchejte, dokud se dobře nespojí.

d) Do máslové směsi postupně přidávejte suché ingredience a míchejte, dokud se nespojí. Vmícháme nasekané vlašské ořechy.

e) Zaoblené polévkové lžíce těsta dejte na připravený plech na pečení ve vzdálenosti asi 2 cm od sebe. Každou kouli těsta mírně zploštíme dlaní.

f) Pečte 10–12 minut, nebo dokud nejsou okraje zlatavě hnědé. Sušenky nechte úplně vychladnout.

g) Vezměte kopeček karamelové vířivé zmrzliny a vložte ji mezi dvě sušenky. Zalijeme karamelovou omáčkou.

h) Zmrzlinové sendviče dejte do mrazáku alespoň na 1 hodinu, aby před podáváním ztuhly.

30. Sendviče se zmrzlinou z lískových oříšků a espressa

SLOŽENÍ:
- 1 ½ šálku univerzální mouky
- ½ lžičky jedlé sody
- ¼ lžičky soli
- ½ šálku nesoleného másla, změkčeného
- ½ šálku krystalového cukru
- ½ šálku baleného hnědého cukru
- 1 velké vejce
- 1 lžička vanilkového extraktu
- ½ šálku nasekaných lískových ořechů
- Jednolitrové espresso nebo zmrzlina s příchutí kávy
- Zrnka espressa v drcené čokoládě na ozdobu

INSTRUKCE:

a) Předehřejte troubu na 375 °F (190 °C) a vyložte plech pečicím papírem.

b) V míse smíchejte mouku, jedlou sodu a sůl.

c) V samostatné mixovací misce ušlehejte změklé máslo, krystalový cukr a hnědý cukr, dokud nebudou světlé a nadýchané. Přidejte vejce a vanilkový extrakt a míchejte, dokud se dobře nespojí.

d) Do máslové směsi postupně přidávejte suché ingredience a míchejte, dokud se nespojí. Vmícháme nasekané lískové ořechy.

e) Zaoblené polévkové lžíce těsta dejte na připravený plech na pečení ve vzdálenosti asi 2 cm od sebe. Každou kouli těsta mírně zploštíme dlaní.

f) Pečte 10–12 minut, nebo dokud nejsou okraje zlatavě hnědé. Sušenky nechte úplně vychladnout.

g) Vezměte kopeček espressa nebo zmrzliny s příchutí kávy a vložte ji mezi dvě sušenky. Na okraje zmrzliny přitlačte trochu rozdrcených espresso bobů obalených čokoládou.

h) Zmrzlinové sendviče dejte do mrazáku alespoň na 1 hodinu, aby před podáváním ztuhly.

31. Zmrzlinový sendvič s kousky pistáciové čokolády

SLOŽENÍ:
12 čokoládových sušenek
2 šálky pistáciové zmrzliny
1/2 šálku nasekané tmavé čokolády

INSTRUKCE:
Vezměte 6 čokoládových sušenek a položte je dnem vzhůru na plech.
Na každou sušenku naberte pistáciovou zmrzlinu.
Zmrzlinu posypeme nasekanou hořkou čokoládou.
Na každý kopeček zmrzliny položte další sušenku s čokoládou a jemně stiskněte, abyste vytvořili sendvič.
Zmrzlinové sendviče před podáváním zmrazte alespoň na 2 hodiny.

32. Oříškový pralinkový zmrzlinový sendvič

SLOŽENÍ:
12 křehkých sušenek
2 šálky lískooříškové zmrzliny
1/2 šálku drcených pralinek

INSTRUKCE:
Vezměte 6 křehkých sušenek a položte je dnem vzhůru na plech.
Na každou sušenku naberte oříškovou zmrzlinu.
Zmrzlinu posypte drcenými oříšky pralinek.
Na každý kopeček zmrzliny položte další sušenku a jemně stiskněte, abyste vytvořili sendvič.
Zmrzlinové sendviče před podáváním zmrazte alespoň na 2 hodiny.

33. Ořechový javorový zmrzlinový sendvič

SLOŽENÍ:
12 ovesných sušenek
2 šálky zmrzliny z javorových ořechů
1/4 šálku nasekaných vlašských ořechů

INSTRUKCE:
Vezměte 6 ovesných sušenek a položte je dnem vzhůru na plech.
Na každou sušenku naberte javorovou ořechovou zmrzlinu.
Zmrzlinu posypeme nasekanými vlašskými ořechy.
Na každý kopeček zmrzliny položte další sušenku z ovesných vloček a jemně stiskněte, abyste vytvořili sendvič.
Zmrzlinové sendviče před podáváním zmrazte alespoň na 2 hodiny.

34. Kešu karamelový křupavý zmrzlinový sendvič

SLOŽENÍ:
12 karamelových sušenek
2 šálky kešu karamelové zmrzliny
1/4 šálku karamelové omáčky
1/4 šálku drcených kešu oříšků

INSTRUKCE:
Vezměte 6 karamelových sušenek a položte je dnem vzhůru na plech.
Na každou sušenku naberte kešu karamelovou zmrzlinu.
Zmrzlinu pokapejte karamelovou omáčkou.
Zmrzlinu posypte drcenými kešu oříšky.
Na každý kopeček zmrzliny položte další karamelovou sušenku a jemně stiskněte, abyste vytvořili sendvič.
Zmrzlinové sendviče před podáváním zmrazte alespoň na 2 hodiny.

35. Zmrzlinový sendvič s makadamovým ořechem a bílou čokoládou

SLOŽENÍ:
12 sušenek s makadamovými ořechy z bílé čokolády
2 šálky zmrzliny s makadamovými ořechy z bílé čokolády
1/4 šálku bílých čokoládových lupínků

INSTRUKCE:
Vezměte 6 sušenek s makadamovými ořechy z bílé čokolády a položte je dnem vzhůru na plech.
Na každou sušenku naberte zmrzlinu s makadamovým ořechem z bílé čokolády.
Zmrzlinu posypte kousky bílé čokolády.
Na každý kopeček zmrzliny položte další sušenku z makadamových ořechů z bílé čokolády a jemně stiskněte, abyste vytvořili sendvič.
Zmrzlinové sendviče před podáváním zmrazte alespoň na 2 hodiny.

36. Sendvič s mandlovou zmrzlinou s arašídovým máslem

SLOŽENÍ:
12 sušenek z arašídového másla
2 šálky čokoládové mandlové zmrzliny
1/4 šálku drcených mandlí
1/4 šálku čokoládové omáčky

INSTRUKCE:
Vezměte 6 sušenek z arašídového másla a položte je dnem vzhůru na plech.
Na každou sušenku naberte čokoládovou mandlovou zmrzlinu.
Zmrzlinu posypte drcenými mandlemi.
Zmrzlinu pokapejte čokoládovou polevou.
Na každý kopeček zmrzliny položte další sušenku s arašídovým máslem a jemně stiskněte, abyste vytvořili sendvič.
Zmrzlinové sendviče před podáváním zmrazte alespoň na 2 hodiny.

37. Pekanový pralinkový zmrzlinový sendvič

SLOŽENÍ:
12 čokoládovo-oříškových sušenek
2 šálky pekanové pralinkové zmrzliny
1/4 šálku drcených pekanových ořechů

INSTRUKCE:
Vezměte 6 čokoládovo-oříškových sušenek a položte je dnem vzhůru na plech.
Na každou sušenku naberte pekanovou pralinkovou zmrzlinu.
Zmrzlinu posypeme drcenými pekanovými ořechy.
Na každý kopeček zmrzliny položte další čokoládovo-lískooříškovou sušenku a jemným stisknutím vytvořte sendvič.
Zmrzlinové sendviče před podáváním zmrazte alespoň na 2 hodiny.

38. Zmrzlinový sendvič s kousky čokolády s para ořechy

SLOŽENÍ:
12 dvojitých čokoládových sušenek
2 šálky čokoládové zmrzliny
1/4 šálku nasekaných para ořechů

INSTRUKCE:
Vezměte 6 dvojitých čokoládových sušenek a položte je dnem vzhůru na plech.
Na každou sušenku naberte kousky čokoládové zmrzliny.
Zmrzlinu posypeme nasekanými para ořechy.
Na každý kopeček zmrzliny položte další dvojitou čokoládovou sušenku a jemně stiskněte, abyste vytvořili sendvič.
Zmrzlinové sendviče před podáváním zmrazte alespoň na 2 hodiny.

39. Sendvič s míchanou ořechovou karamelovou zmrzlinou

SLOŽENÍ:
12 ovesných sušenek s rozinkami
2 šálky míchané ořechově karamelové zmrzliny
1/4 šálku smíchaných sekaných ořechů
1/4 šálku karamelové omáčky

INSTRUKCE:
Vezměte 6 sušenek s rozinkami z ovesných vloček a položte je dnem vzhůru na plech.
Na každou sušenku naberte míchanou ořechově karamelovou zmrzlinu.
Zmrzlinu pokapejte karamelovou omáčkou.
Zmrzlinu posypeme rozmixovanými nasekanými ořechy.
Na každý kopeček zmrzliny položte další sušenku s rozinkami z ovesných vloček a jemně stiskněte, abyste vytvořili sendvič.
Zmrzlinové sendviče před podáváním zmrazte alespoň na 2 hodiny.

OVOCNÉ PÁROVÁNÍ

40. Banány pro sendviče s čokoládovou zmrzlinou

SLOŽENÍ:
- 1¾ šálků nebělené víceúčelové mouky
- 1 lžička prášku do pečiva
- ¼ lžičky soli
- ⅔ šálku odpařeného třtinového cukru
- ¼ šálku nemléčného margarínu, změkčeného
- 1 velký nahrubo rozmačkaný zralý banán (asi ½ šálku rozmačkaného)
- 1 lžička vanilkového extraktu

INSTRUKCE:
a) Předehřejte troubu na 350 °F. Dva plechy vyložte pečicím papírem.
b) Ve střední misce smíchejte mouku, prášek do pečiva a sůl. Ve velké míse smíchejte cukr a margarín.
c) Přidejte banán a vanilku a míchejte, dokud se dobře nespojí.
d) Suché ingredience přidávejte po dávkách k mokrým a míchejte do hladka.
e) Pomocí kapátka na sušenky nebo polévkové lžíce kápněte kopečky těsta o velikosti polévkové lžíce na připravené plechy asi 1 palec od sebe.
f) Pečte 9 až 12 minut, dokud se cukroví nerozteče a okraje nezezlátnou.
g) Vyjměte z trouby a nechte sušenky 5 minut vychladnout na pánvi, poté přendejte na mřížku. Sušenky necháme úplně vychladnout.
h) Skladujte ve vzduchotěsné nádobě

41. Sendviče s rebarborou Midwest

SLOŽENÍ:
- 1¾ šálků nebělené víceúčelové mouky
- 1 lžička prášku do pečiva
- ¼ lžičky soli
- ¾ šálku odpařeného třtinového cukru
- ½ šálku nemléčného margarínu, změkčeného
- 1 lžička vanilkového extraktu
- 1 šálek nasekané čerstvé nebo zmrazené (rozmražené) rebarbory (červené části, ne zelené)

INSTRUKCE:
a) Předehřejte troubu na 350 °F. Dva plechy vyložte pečicím papírem.
b) Ve střední misce smíchejte mouku, prášek do pečiva a sůl. Ve velké míse smíchejte cukr a margarín. Přidejte vanilku a míchejte, dokud se dobře nespojí.
c) Suché ingredience spojujeme s mokrými po dávkách a mícháme do hladka. Jemně vmícháme rebarboru.
d) Pomocí kapátka na sušenky nebo polévkové lžíce kapejte kopečky těsta o velikosti polévkové lžíce a pokládejte je na připravené plechy asi 1 palec od sebe.
e) Pečte 9 až 12 minut, dokud se cukroví nerozteče a okraje nezezlátnou.
f) Vyjměte z trouby a nechte sušenky 5 minut vychladnout na pánvi, poté přendejte na mřížku. Sušenky necháme úplně vychladnout.
g) Skladujte ve vzduchotěsné nádobě

42.Koláčová třešňová spirála kokosová zmrzlina

SLOŽENÍ:
- ¾ šálku plus 2 polévkové lžíce odpařeného třtinového cukru
- 1 (13,5 unce) plechovka plnotučného kokosového mléka (ne světlé)
- 1 šálek nemléčného mléka
- 1 lžička vanilkového extraktu
- ⅓ šálku sušených třešní, hrubě nasekaných
- ¼ šálku vody
- ½ lžičky marantového nebo tapiokového škrobu
- ½ lžičky čerstvé citronové šťávy

INSTRUKCE:
a) Ve velkém hrnci smíchejte ¾ šálku cukru s kokosovým mlékem a dalším nemléčným mlékem a prošlehejte. Na středním plameni za častého šlehání přiveďte směs k varu.

b) Jakmile dosáhne varu, snižte teplotu na středně nízkou a neustále šlehejte, dokud se cukr nerozpustí, asi 5 minut. Odstraňte z ohně a přidejte vanilku, šlehejte, aby se spojila.

c) Směs přendejte do žáruvzdorné misky a nechte zcela vychladnout.

d) Zatímco zmrzlinový základ chladne, smíchejte sušené třešně a vodu v malém hrnci. Vařte na středním plameni, dokud třešně nezměknou a směs nezačne bublat.

e) V malé misce smíchejte zbývající 2 lžíce cukru a škrob. Směs vsypeme do třešní a stáhneme plamen na mírný plamen.

f) Pokračujte ve vaření, dokud směs nezhoustne, asi 3 minuty, poté zašlehejte citronovou šťávu. Přendejte do žáruvzdorné misky, aby úplně vychladla.

g) Nalijte základovou směs zmrzliny do mísy 1½ nebo 2-litrového zmrzlinovače a zpracujte podle pokynů výrobce. Jakmile je zmrzlina hotová, naberte jednu třetinu do nádoby vhodné do mrazáku a poté přidejte polovinu vychlazené třešňové směsi.

h) Přidejte další třetinu zmrzliny a doplňte zbývající třešňovou směsí.

i) Navrch nalijte poslední třetinu zmrzliny, pak 2x nebo 3x protáhněte máslovým nožem směsí, aby se zatočila. Před sestavením sendvičů skladujte ve vzduchotěsné nádobě v mrazáku alespoň 2 hodiny.

NA VÝROBU CHLEBÍČKŮ

j) Nechte zmrzlinu mírně změknout, aby se dala snadno nabírat. Polovinu sušenek položte dnem nahoru na čistý povrch. Naberte na vršek každé sušenky jeden štědrý kopeček zmrzliny, asi ⅓ šálku.

k) Navrch zmrzlinu vložte zbývající sušenky tak, aby se spodní části dotýkaly zmrzliny.

l) Jemně zatlačte na sušenky, abyste je vyrovnali.

m) Každý sendvič zabalte do plastového obalu nebo voskovaného papíru a před konzumací vraťte alespoň na 30 minut do mrazáku.

43. Jahodové italské sendviče

SLOŽENÍ:
- 1 litr jahodové zmrzliny
- 1 šálek čerstvých jahod, nakrájených na kostičky
- 8 italských sušenek
- Šlehačka (volitelně, k podávání)
- lístky čerstvé máty (na ozdobu)

INSTRUKCE:
a) Vyndejte půllitr jahodové zmrzliny z mrazáku a nechte pár minut změknout, až se s ní bude dobře pracovat.
b) V misce rozmačkejte vidličkou nakrájené čerstvé jahody, dokud nepustí šťávu.
c) Do změklé zmrzliny přidejte rozmačkané jahody a dobře promíchejte, dokud nejsou rovnoměrně rozložené.
d) Zapékací mísu nebo pekáč vyložte pečicím papírem nebo igelitem.
e) Vezměte čtyři italské sušenky a umístěte je vedle sebe do misky, abyste vytvořili obdélníkový tvar.
f) Směs jahodové zmrzliny rovnoměrně rozprostřete na berušky v misce.
g) Na zmrzlinu položte zbývající čtyři sušenky a vytvořte sendvič.
h) Mísu zakryjte plastovou fólií a nechte zmrazit alespoň 4 hodiny nebo dokud zmrzlina neztuhne.
i) Jakmile je zmrzlina zcela zmrzlá, vyjměte misku z mrazničky a nechte ji několik minut uležet při pokojové teplotě, aby mírně změkla.
j) Zmrzlinový sendvič nakrájejte ostrým nožem na jednotlivé porce.
k) Podávejte jahodové italské zmrzlinové sendviče na talířích nebo v miskách.
l) Případně každý sendvič položte kopečkem šlehačky a ozdobte lístky čerstvé máty.
m) Užijte si své domácí jahodové italské zmrzlinové sendviče!

44. Zmrzlinové sendviče s jahodovým koláčem

SLOŽENÍ:
- 1 ½ šálku univerzální mouky
- ½ lžičky prášku do pečiva
- ¼ lžičky soli
- ½ šálku nesoleného másla, změkčeného
- ¾ šálku krystalového cukru
- 1 velké vejce
- 1 lžička vanilkového extraktu
- 1 šálek nakrájených jahod
- 1-litrová jahodová zmrzlina

INSTRUKCE:
a) Předehřejte troubu na 350 °F (175 °C) a vyložte plech pečicím papírem.

b) V míse smícháme mouku, prášek do pečiva a sůl.

c) V samostatné mixovací misce ušlehejte změklé máslo a krystalový cukr do světlé a nadýchané hmoty. Přidejte vejce a vanilkový extrakt a míchejte, dokud se dobře nespojí.

d) Do máslové směsi postupně přidávejte suché ingredience a míchejte, dokud se nespojí. Vmícháme nakrájené jahody.

e) Zaoblené polévkové lžíce těsta dejte na připravený plech na pečení ve vzdálenosti asi 2 cm od sebe. Každou kouli těsta mírně zploštíme dlaní.

f) Pečte 10–12 minut, nebo dokud nejsou okraje zlatavě hnědé. Sušenky nechte úplně vychladnout.

g) Vezměte kopeček jahodové zmrzliny a vložte ji mezi dvě sušenky.

h) Zmrzlinové sendviče dejte do mrazáku alespoň na 1 hodinu, aby před podáváním ztuhly.

45.sendviče se zmrzlinou

SLOŽENÍ:
- 1 ½ šálku univerzální mouky
- ½ lžičky jedlé sody
- ¼ lžičky soli
- ½ šálku nesoleného másla, změkčeného
- ½ šálku krystalového cukru
- ½ šálku baleného hnědého cukru
- 1 velké vejce
- 1 lžička vanilkového extraktu
- ½ šálku rozmačkaných zralých banánů
- ½ šálku čokoládových lupínků
- 1litrová vanilková zmrzlina
- Nakrájené jahody a nakrájený ananas na ozdobu
- Čokoládový sirup a šlehačka na pokapání

INSTRUKCE:
a) Předehřejte troubu na 375 °F (190 °C) a vyložte plech pečicím papírem.
b) V míse smíchejte mouku, jedlou sodu a sůl.
c) V samostatné mixovací misce ušlehejte změklé máslo, krystalový cukr a hnědý cukr, dokud nebudou světlé a nadýchané. Přidejte vejce a vanilkový extrakt a míchejte, dokud se dobře nespojí.
d) Do máslové směsi postupně přidávejte suché ingredience a míchejte, dokud se nespojí. Vmícháme rozmačkané banány a čokoládové lupínky.
e) Zaoblené polévkové lžíce těsta dejte na připravený plech na pečení ve vzdálenosti asi 2 cm od sebe. Každou kouli těsta mírně zploštíme dlaní.
f) Pečte 10–12 minut, nebo dokud nejsou okraje zlatavě hnědé. Sušenky nechte úplně vychladnout.
g) Vezměte kopeček vanilkové zmrzliny a vložte ji mezi dvě sušenky. Na okraje zmrzliny přitlačte nakrájené jahody a nakrájený ananas.
h) Pokapeme čokoládovým sirupem a navrch dáme šlehačku.
i) Zmrzlinové sendviče dejte do mrazáku alespoň na 1 hodinu, aby před podáváním ztuhly.

46. Borůvkové a citronové zmrzlinové sendviče

SLOŽENÍ:
- 1 ½ šálku univerzální mouky
- ½ lžičky jedlé sody
- ¼ lžičky soli
- ½ šálku nesoleného másla, změkčeného
- ½ šálku krystalového cukru
- ½ šálku baleného hnědého cukru
- 1 velké vejce
- 1 lžička vanilkového extraktu
- Kůra z 1 citronu
- 1 šálek čerstvých borůvek
- 1-litrová citronová nebo borůvková zmrzlina

INSTRUKCE:
a) Předehřejte troubu na 375 °F (190 °C) a vyložte plech pečicím papírem.
b) V míse smíchejte mouku, jedlou sodu a sůl.
c) V samostatné mixovací misce ušlehejte změklé máslo, krystalový cukr a hnědý cukr, dokud nebudou světlé a nadýchané. Přidejte vejce, vanilkový extrakt a citronovou kůru a míchejte, dokud se dobře nespojí.
d) Do máslové směsi postupně přidávejte suché ingredience a míchejte, dokud se nespojí. Jemně vmícháme čerstvé borůvky.
e) Zaoblené polévkové lžíce těsta dejte na připravený plech na pečení ve vzdálenosti asi 2 cm od sebe. Každou kouli těsta mírně zploštíme dlaní.
f) Pečte 10–12 minut, nebo dokud nejsou okraje zlatavě hnědé. Sušenky nechte úplně vychladnout.
g) Vezměte kopeček citronové nebo borůvkové zmrzliny a vložte ji mezi dvě sušenky.
h) Zmrzlinové sendviče dejte do mrazáku alespoň na 1 hodinu, aby před podáváním ztuhly.

47. Sendviče s mangovou kokosovou zmrzlinou

SLOŽENÍ:
- 1 ½ šálku univerzální mouky
- ½ lžičky jedlé sody
- ¼ lžičky soli
- ½ šálku nesoleného másla, změkčeného
- ½ šálku krystalového cukru
- ½ šálku baleného hnědého cukru
- 1 velké vejce
- 1 lžička vanilkového extraktu
- ½ šálku nakrájeného zralého manga
- ¼ šálku strouhaného kokosu
- 1-litrová mangová nebo kokosová zmrzlina

INSTRUKCE:
a) Předehřejte troubu na 375 °F (190 °C) a vyložte plech pečicím papírem.
b) V míse smíchejte mouku, jedlou sodu a sůl.
c) V samostatné mixovací misce ušlehejte změklé máslo, krystalový cukr a hnědý cukr, dokud nebudou světlé a nadýchané. Přidejte vejce a vanilkový extrakt a míchejte, dokud se dobře nespojí.
d) Do máslové směsi postupně přidávejte suché ingredience a míchejte, dokud se nespojí. Vmícháme na kostičky nakrájené mango a strouhaný kokos.
e) Zaoblené polévkové lžíce těsta dejte na připravený plech na pečení ve vzdálenosti asi 2 cm od sebe. Každou kouli těsta mírně zploštíme dlaní.
f) Pečte 10–12 minut, nebo dokud nejsou okraje zlatavě hnědé. Sušenky nechte úplně vychladnout.
g) Vezměte kopeček mangové nebo kokosové zmrzliny a vložte ji mezi dvě sušenky.
h) Zmrzlinové sendviče dejte do mrazáku alespoň na 1 hodinu, aby před podáváním ztuhly.

48. sendviče s malinou bílou čokoládou

SLOŽENÍ:
- 1 ½ šálku univerzální mouky
- ½ lžičky jedlé sody
- ¼ lžičky soli
- ½ šálku nesoleného másla, změkčeného
- ½ šálku krystalového cukru
- ½ šálku baleného hnědého cukru
- 1 velké vejce
- 1 lžička vanilkového extraktu
- ½ šálku čerstvých malin
- ½ šálku bílé čokolády
- 1-litrová malinová nebo bílá čokoládová zmrzlina

INSTRUKCE:
a) Předehřejte troubu na 375 °F (190 °C) a vyložte plech pečicím papírem.
b) V míse smíchejte mouku, jedlou sodu a sůl.
c) V samostatné mixovací misce ušlehejte změklé máslo, krystalový cukr a hnědý cukr, dokud nebudou světlé a nadýchané. Přidejte vejce a vanilkový extrakt a míchejte, dokud se dobře nespojí.
d) Do máslové směsi postupně přidávejte suché ingredience a míchejte, dokud se nespojí. Vmíchejte čerstvé maliny a kousky bílé čokolády.
e) Zaoblené polévkové lžíce těsta dejte na připravený plech na pečení ve vzdálenosti asi 2 cm od sebe. Každou kouli těsta mírně zploštíme dlaní.
f) Pečte 10–12 minut, nebo dokud nejsou okraje zlatavě hnědé. Sušenky nechte úplně vychladnout.
g) Vezměte kopeček malinové nebo bílé čokoládové zmrzliny a vložte ji mezi dvě sušenky.
h) Zmrzlinové sendviče dejte do mrazáku alespoň na 1 hodinu, aby před podáváním ztuhly.

49.Malinový cheesecake zmrzlinový sendvič

SLOŽENÍ:
12 grahamových sušenek
2 šálky malinové tvarohové zmrzliny
1 šálek čerstvých malin

INSTRUKCE:
Vezměte 6 grahamových sušenek a položte je dnem vzhůru na plech.
Na každý krekr naberte malinovou tvarohovou zmrzlinu.
Navrch zmrzliny posypeme čerstvými malinami.
Na každý kopeček zmrzliny položte další grahamový sušenku a jemně stiskněte, abyste vytvořili sendvič.
Zmrzlinové sendviče před podáváním zmrazte alespoň na 2 hodiny.

50. Ananasový sendvič s kokosovou zmrzlinou

SLOŽENÍ:
12 vanilkových oplatek
2 šálky ananasové kokosové zmrzliny
1 šálek čerstvého ananasu, nakrájeného na kostičky

INSTRUKCE:
Vezměte 6 vanilkových oplatek a položte je dnem vzhůru na plech.
Na každou oplatku naberte ananasovou kokosovou zmrzlinu.
Navrch zmrzliny posypeme na kostičky nakrájeným čerstvým ananasem.
Na každý kopeček zmrzliny položte další vanilkovou oplatku a jemně stiskněte, abyste vytvořili sendvič.
Zmrzlinové sendviče před podáváním zmrazte alespoň na 2 hodiny.

51. Zmrzlinový sendvič Peach Melba

SLOŽENÍ:
12 křehkých sušenek
2 šálky broskvové zmrzliny
1 šálek čerstvých malin
1 šálek čerstvých broskví, nakrájených na plátky

INSTRUKCE:
Vezměte 6 křehkých sušenek a položte je dnem vzhůru na plech.
Na každou sušenku naberte broskvovou zmrzlinu.
Navrch zmrzlinu dejte čerstvé maliny a nakrájené broskve.
Na každý kopeček zmrzliny položte další sušenku a jemně stiskněte, abyste vytvořili sendvič.
Zmrzlinové sendviče před podáváním zmrazte alespoň na 2 hodiny.

52. Sandwich se zmrzlinou s melounem a mátou

SLOŽENÍ:
12 cukroví
2 šálky melounového sorbetu
Čerstvé lístky máty

INSTRUKCE:
Vezměte 6 cukroví a položte je dnem vzhůru na plech.
Na každou sušenku naberte melounový sorbet.
Na sorbet položte lístek čerstvé máty.
Na každý kopeček zmrzliny položte další cukroví a jemně zatlačte, abyste vytvořili sendvič.
Zmrzlinové sendviče před podáváním zmrazte alespoň na 2 hodiny.

53. Kiwi limetkový zmrzlinový sendvič

SLOŽENÍ:
12 zázvorových sušenek
2 šálky kiwi limetkové zmrzliny
2 kiwi, oloupaná a nakrájená na plátky

INSTRUKCE:
Vezměte 6 zázvorových sušenek a položte je dnem vzhůru na plech.
Na každou sušenku naberte kiwi limetkovou zmrzlinu.
Na zmrzlinu položte několik plátků kiwi.
Na každý kopeček zmrzliny položte další sušenku ze zázvoru a jemně stiskněte, abyste vytvořili sendvič.
Zmrzlinové sendviče před podáváním zmrazte alespoň na 2 hodiny.

54. Blackberry levandulový zmrzlinový sendvič

SLOŽENÍ:
12 ovesných sušenek
2 šálky ostružinové levandulové zmrzliny
Čerstvé ostružiny

INSTRUKCE:
Vezměte 6 ovesných sušenek a položte je dnem vzhůru na plech.
Na každou sušenku naberte levandulovou ostružinovou zmrzlinu.
Navrch zmrzliny přidejte čerstvé ostružiny.
Na každý kopeček zmrzliny položte další sušenku z ovesných vloček a jemně stiskněte, abyste vytvořili sendvič.
Zmrzlinové sendviče před podáváním zmrazte alespoň na 2 hodiny.

55. Míchaný sendvič s jahodovým jogurtem a zmrzlinou

SLOŽENÍ:
12 čokoládových grahamových sušenek
2 šálky míchané jahodové jogurtové zmrzliny
Smíšené čerstvé bobule (jako jsou jahody, borůvky a maliny)

INSTRUKCE:
Vezměte 6 čokoládových grahamových sušenek a položte je dnem vzhůru na plech.
Na každou sušenku naberte míchanou jahodovou jogurtovou zmrzlinu.
Na zmrzlinu přidejte různé čerstvé bobule.
Na každý kopeček zmrzliny položte další čokoládový grahamový cracker a jemně stiskněte, abyste vytvořili sendvič.
Zmrzlinové sendviče před podáváním zmrazte alespoň na 2 hodiny.

PIKÁRNÉ PÁROVÁNÍ

56. Kořeněná ořechová zmrzlina

SLOŽENÍ:
- 2 hrnky sojového nebo konopného mléka
- ¾ šálku odpařeného třtinového cukru
- 1 lžička mleté skořice
- ½ lžičky mletého zázvoru
- ⅛ lžičky mletého nového koření
- 1 lžička vanilkového extraktu
- 1½ šálku syrových kešu ořechů
- 1/16 lžičky guarové gumy

INSTRUKCE:
a) Ve velkém hrnci smíchejte mléko a cukr. Na středním plameni za častého šlehání přiveďte směs k varu. Jakmile dosáhne varu, snižte teplotu na středně nízkou a neustále šlehejte, dokud se cukr nerozpustí, asi 5 minut.
b) Odstraňte z ohně a přidejte skořici, zázvor, nové koření a vanilku, šlehejte, aby se spojily.
c) Kešu oříšky dejte na dno žáruvzdorné misky a zalijte je horkou mléčnou směsí. Necháme úplně vychladnout.
d) Po vychladnutí přeneste směs do kuchyňského robota nebo vysokorychlostního mixéru a zpracujte do hladka, přičemž podle potřeby zastavte, abyste oškrábali boky.
e) Ke konci zpracování přisypte guarovou gumu a ujistěte se, že je dobře zapracována.
f) Nalijte směs do misky 1½ nebo 2-litrového zmrzlinovače a zpracujte podle pokynů výrobce. Před sestavením sendvičů skladujte ve vzduchotěsné nádobě v mrazáku alespoň 2 hodiny.

NA VÝROBU CHLEBÍČKŮ
g) Nechte zmrzlinu mírně změknout, aby se dala snadno nabírat. Polovinu sušenek položte dnem nahoru na čistý povrch. Naberte na vršek každé sušenky jeden štědrý kopeček zmrzliny, asi ⅓ šálku.
h) Navrch zmrzlinu vložte zbývající sušenky tak, aby se spodní části dotýkaly zmrzliny.
i) Jemně zatlačte na sušenky, abyste je vyrovnali.
j) Každý sendvič zabalte do plastového obalu nebo voskovaného papíru a před konzumací vraťte alespoň na 30 minut do mrazáku.

57. Sendviče s cuketovým kořením

SLOŽENÍ:
- 2 šálky nebělené víceúčelové mouky
- ½ lžičky prášku do pečiva
- 1 lžička mleté skořice
- ¼ lžičky soli
- ¾ šálku nemléčného margarínu při pokojové teplotě
- ¾ šálku baleného tmavě hnědého cukru
- ½ hrnku odpařeného třtinového cukru
- 2 lžičky vanilkového extraktu
- 1 hrnek nakrájené cukety
- ⅓ šálku nasekaných vlašských ořechů

INSTRUKCE:
a) Předehřejte troubu na 350 °F. Dva plechy vyložte pečicím papírem.
b) V malé misce smíchejte mouku, prášek do pečiva, skořici a sůl. Ve velké míse smíchejte margarín, hnědý cukr, třtinový cukr a vanilku.
c) Suché ingredience přidávejte po dávkách k mokrým a mixujte do hladka, poté přidejte cuketu a vlašské ořechy.
d) Pomocí kapátka na sušenky nebo polévkové lžíce kápněte na připravený plech asi 2 palce od sebe vrchovaté kopečky těsta. Každou sušenku jemně zatlačte dolů.
e) Pečte 9 až 11 minut, nebo dokud okraje lehce nezezlátnou. Vyjměte z trouby a nechte 5 minut vychladnout na pánvi, poté vyjměte na mřížku. Sušenky necháme úplně vychladnout.
f) Skladujte ve vzduchotěsné nádobě.

58. Mexické čokoládové zmrzlinové sendviče

SLOŽENÍ:
- 1 ½ šálku univerzální mouky
- ½ šálku neslazeného kakaového prášku
- 1 lžička mleté skořice
- ½ lžičky kajenského pepře
- ½ lžičky jedlé sody
- ¼ lžičky soli
- ½ šálku nesoleného másla, změkčeného
- ½ šálku krystalového cukru
- ½ šálku baleného hnědého cukru
- 1 velké vejce
- 1 lžička vanilkového extraktu
- 1-pintová čokoládová nebo skořicová zmrzlina
- Chilli prášek na ozdobu

INSTRUKCE:
a) Předehřejte troubu na 375 °F (190 °C) a vyložte plech pečicím papírem.
b) V míse prošlehejte mouku, kakaový prášek, mletou skořici, kajenský pepř, jedlou sodu a sůl.
c) V samostatné mixovací misce ušlehejte změklé máslo, krystalový cukr a hnědý cukr, dokud nebudou světlé a nadýchané. Přidejte vejce a vanilkový extrakt a míchejte, dokud se dobře nespojí.
d) Do máslové směsi postupně přidávejte suché ingredience a míchejte, dokud se nespojí.
e) Zaoblené polévkové lžíce těsta dejte na připravený plech na pečení ve vzdálenosti asi 2 cm od sebe. Každou kouli těsta mírně zploštíme dlaní.
f) Pečte 10–12 minut, nebo dokud okraje neztuhnou. Sušenky nechte úplně vychladnout.
g) Vezměte kopeček čokoládové nebo skořicové zmrzliny a vložte ji mezi dvě sušenky. Nahoře posypte chilli prášek pro extra šmrnc.
h) Zmrzlinové sendviče dejte do mrazáku alespoň na 1 hodinu, aby před podáváním ztuhly.

59. Pikantní mangové sendviče se zmrzlinou Habanero

SLOŽENÍ:
- 1 ½ šálku univerzální mouky
- ½ lžičky jedlé sody
- ¼ lžičky soli
- ½ šálku nesoleného másla, změkčeného
- ½ šálku krystalového cukru
- ½ šálku baleného hnědého cukru
- 1 velké vejce
- 1 lžička vanilkového extraktu
- 1 zralé mango, oloupané a nakrájené na kostičky
- 1 paprička habanero, zbavená semínek a nasekaná
- 1-litrová mangová nebo vanilková zmrzlina

INSTRUKCE:
a) Předehřejte troubu na 375 °F (190 °C) a vyložte plech pečicím papírem.
b) V míse smíchejte mouku, jedlou sodu a sůl.
c) V samostatné mixovací misce ušlehejte změklé máslo, krystalový cukr a hnědý cukr, dokud nebudou světlé a nadýchané. Přidejte vejce a vanilkový extrakt a míchejte, dokud se dobře nespojí.
d) Do máslové směsi postupně přidávejte suché ingredience a míchejte, dokud se nespojí. Vmíchejte na kostičky nakrájené mango a mletou papričku habanero.
e) Zaoblené polévkové lžíce těsta dejte na připravený plech na pečení ve vzdálenosti asi 2 cm od sebe. Každou kouli těsta mírně zploštíme dlaní.
f) Pečte 10–12 minut, nebo dokud nejsou okraje zlatavě hnědé. Sušenky nechte úplně vychladnout.
g) Vezměte kopeček mangové nebo vanilkové zmrzliny a vložte ji mezi dvě sušenky.
h) Zmrzlinové sendviče dejte do mrazáku alespoň na 1 hodinu, aby před podáváním ztuhly.

60. Čokoládová zmrzlina Chipotle Sendviče

SLOŽENÍ:
- 1 ½ šálku univerzální mouky
- ½ šálku neslazeného kakaového prášku
- 1 lžička prášku do pečiva
- ¼ lžičky soli
- ½ lžičky mletého chipotle pepře
- ½ šálku nesoleného másla, změkčeného
- 1 šálek krystalového cukru
- 2 velká vejce
- 1 lžička vanilkového extraktu
- 1-litrová čokoládová nebo vanilková zmrzlina
- Drcené vločky červené papriky na ozdobu

INSTRUKCE:
a) Předehřejte troubu na 350 °F (175 °C) a vyložte plech pečicím papírem.
b) V míse prošlehejte mouku, kakaový prášek, prášek do pečiva, sůl a mletý chipotle pepř.
c) V samostatné mixovací misce ušlehejte změklé máslo a krystalový cukr do světlé a nadýchané hmoty. Přidejte vejce, jedno po druhém, a po každém přidání dobře prošlehejte. Vmícháme vanilkový extrakt.
d) Do máslové směsi postupně přidávejte suché ingredience a míchejte, dokud se nespojí.
e) Zaoblené polévkové lžíce těsta dejte na připravený plech na pečení ve vzdálenosti asi 2 cm od sebe. Každou kouli těsta mírně zploštíme dlaní.
f) Pečte 10–12 minut, nebo dokud okraje neztuhnou. Sušenky nechte úplně vychladnout.
g) Vezměte kopeček čokoládové nebo vanilkové zmrzliny a vložte ji mezi dvě sušenky. Navrch posypte drcenými vločkami červené papriky pro pikantní nádech.
h) Zmrzlinové sendviče dejte do mrazáku alespoň na 1 hodinu, aby před podáváním ztuhly.

61. Jalapeno limetkové zmrzlinové sendviče

SLOŽENÍ:
- 1 ½ šálku univerzální mouky
- ½ lžičky jedlé sody
- ¼ lžičky soli
- ½ šálku nesoleného másla, změkčeného
- ½ šálku krystalového cukru
- ½ šálku baleného hnědého cukru
- 1 velké vejce
- 1 lžička vanilkového extraktu
- Kůra a šťáva z 1 limetky
- 2 papričky jalapeňo, zbavené semínek a nasekané
- 1-litrová limetková nebo vanilková zmrzlina

INSTRUKCE:
a) Předehřejte troubu na 375 °F (190 °C) a vyložte plech pečicím papírem.
b) V míse smíchejte mouku, jedlou sodu a sůl.
c) V samostatné mixovací misce ušlehejte změklé máslo, krystalový cukr a hnědý cukr, dokud nebudou světlé a nadýchané. Přidejte vejce a vanilkový extrakt a míchejte, dokud se dobře nespojí.
d) Do máslové směsi postupně přidávejte suché ingredience a míchejte, dokud se nespojí. Vmíchejte limetkovou kůru, limetkovou šťávu a mleté papričky jalapeňo.
e) Zaoblené polévkové lžíce těsta dejte na připravený plech na pečení ve vzdálenosti asi 2 cm od sebe. Každou kouli těsta mírně zploštíme dlaní.
f) Pečte 10–12 minut, nebo dokud nejsou okraje zlatavě hnědé. Sušenky nechte úplně vychladnout.
g) Vezměte kopeček limetkové nebo vanilkové zmrzliny a vložte ji mezi dvě sušenky.
h) Zmrzlinové sendviče dejte do mrazáku alespoň na 1 hodinu, aby před podáváním ztuhly.

62. sendviče s karamelovou zmrzlinou

SLOŽENÍ:
- 1 ½ šálku univerzální mouky
- ½ lžičky jedlé sody
- ¼ lžičky soli
- ½ šálku nesoleného másla, změkčeného
- ½ šálku krystalového cukru
- ½ šálku baleného hnědého cukru
- 1 velké vejce
- 1 lžička vanilkového extraktu
- ½ lžičky kajenského pepře
- ½ šálku nasekaných pekanových ořechů
- 1-litrová karamelová nebo vanilková zmrzlina

INSTRUKCE:
a) Předehřejte troubu na 375 °F (190 °C) a vyložte plech pečicím papírem.
b) V míse smíchejte mouku, jedlou sodu a sůl.
c) V samostatné mixovací misce ušlehejte změklé máslo, krystalový cukr a hnědý cukr, dokud nebudou světlé a nadýchané. Přidejte vejce a vanilkový extrakt a míchejte, dokud se dobře nespojí.
d) Do máslové směsi postupně přidávejte suché ingredience a míchejte, dokud se nespojí. Vmícháme kajenský pepř a nasekané pekanové ořechy.
e) Zaoblené polévkové lžíce těsta dejte na připravený plech na pečení ve vzdálenosti asi 2 cm od sebe. Každou kouli těsta mírně zploštíme dlaní.
f) Pečte 10–12 minut, nebo dokud nejsou okraje zlatavě hnědé. Sušenky nechte úplně vychladnout.
g) Vezměte kopeček karamelové nebo vanilkové zmrzliny a vložte ji mezi dvě sušenky.
h) Zmrzlinové sendviče dejte do mrazáku alespoň na 1 hodinu, aby před podáváním ztuhly.

63.Čokoládový sendvič se zmrzlinou Chipotle

SLOŽENÍ:
12 čokoládových sušenek
2 šálky mexické čokoládové zmrzliny
1 lžička mletého chipotle pepře

INSTRUKCE:
Vezměte 6 čokoládových sušenek a položte je dnem vzhůru na plech.
Na každou sušenku posypeme špetkou mletého chipotle pepře.
Na každou sušenku naberte mexickou čokoládovou zmrzlinu.
Na každý kopeček zmrzliny položte další sušenku s čokoládou a jemně stiskněte, abyste vytvořili sendvič.
Zmrzlinové sendviče před podáváním zmrazte alespoň na 2 hodiny.

64. Pikantní sendvič se skořicovou kayenskou zmrzlinou

SLOŽENÍ:
12 sušenek snickerdoodle
2 šálky skořicové kajenské zmrzliny
Mletá skořice
Mletý kajenský pepř

INSTRUKCE:
Vezměte 6 sušenek snickerdoodle a položte je dnem vzhůru na plech.
Na každou sušenku posypte špetkou mleté skořice a kajenského pepře.
Na každou sušenku naberte skořicovou cayennskou zmrzlinu.
Na každý kopeček zmrzliny položte další sušenku snickerdoodle a jemně stiskněte, abyste vytvořili sendvič.
Zmrzlinové sendviče před podáváním zmrazte alespoň na 2 hodiny.

65. Pikantní čokoládový chili zmrzlinový sendvič

SLOŽENÍ:
12 čokoládových sušenek
2 šálky čokoládové chilli zmrzliny
1 lžička chilli prášku

INSTRUKCE:
Vezměte 6 čokoládových sušenek a položte je dnem vzhůru na plech.
Na každou sušenku nasypte špetku chilli.
Na každou sušenku naberte čokoládovou chilli zmrzlinu.
Na každý kopeček zmrzliny položte další čokoládovou sušenku a jemně stiskněte, abyste vytvořili sendvič.
Zmrzlinové sendviče před podáváním zmrazte alespoň na 2 hodiny.

66. Sendvič se zmrzlinou Sriracha s arašídovým máslem

SLOŽENÍ:
12 sušenek z arašídového másla
2 šálky zmrzliny sriracha arašídového másla
1 polévková lžíce sriracha omáčka (volitelné)

INSTRUKCE:
Vezměte 6 sušenek z arašídového másla a položte je dnem vzhůru na plech.
rozetřete tenkou vrstvu omáčky sriracha (pokud chcete).
naberte zmrzlinu s arašídovým máslem sriracha .
Na každý kopeček zmrzliny položte další sušenku s arašídovým máslem a jemně stiskněte, abyste vytvořili sendvič.
Zmrzlinové sendviče před podáváním zmrazte alespoň na 2 hodiny.

67. Pikantní sendvič s kokosovou kari zmrzlinou

SLOŽENÍ:
12 kokosových sušenek
2 šálky kokosové kari zmrzliny
1 lžička kari

INSTRUKCE:
Vezměte 6 kokosových sušenek a položte je dnem vzhůru na plech.
Na každou sušenku nasypte špetku kari.
Na každou sušenku naberte kokosovou kari zmrzlinu.
Na každý kopeček zmrzliny položte další kokosovou sušenku a jemně stiskněte, abyste vytvořili sendvič.
Zmrzlinové sendviče před podáváním zmrazte alespoň na 2 hodiny.

68. Pikantní zázvorový kurkumový zmrzlinový sendvič

SLOŽENÍ:
12 zázvorových sušenek
2 šálky kurkumové zázvorové zmrzliny
1 lžička mleté kurkumy

INSTRUKCE:
Vezměte 6 zázvorových sušenek a položte je dnem vzhůru na plech.
Na každou sušenku posypeme špetkou mleté kurkumy.
Na každou sušenku naberte kurkumovou zázvorovou zmrzlinu.
Na každý kopeček zmrzliny položte další zázvorovou sušenku a jemně stiskněte, abyste vytvořili sendvič.
Zmrzlinové sendviče před podáváním zmrazte alespoň na 2 hodiny.

69. Pikantní ananasový sendvič se zmrzlinou Jalapeno

SLOŽENÍ:
12 vanilkových sušenek
2 šálky ananasové zmrzliny jalapeno
Čerstvé kousky ananasu
Nakrájené jalapeno (pro jemnější koření odstraňte semínka)

INSTRUKCE:
Vezměte 6 vanilkových sušenek a položte je dnem vzhůru na plech.
Na každou sušenku naberte ananasovou zmrzlinu jalapeno.
Navrch zmrzliny přidejte kousky čerstvého ananasu a nakrájené jalapeno.
Na každý kopeček zmrzliny položte další vanilkovou sušenku a jemně stiskněte, abyste vytvořili sendvič.
Zmrzlinové sendviče před podáváním zmrazte alespoň na 2 hodiny.

70. Pikantní malinový zmrzlinový sendvič

SLOŽENÍ:
12 čokoládových sušenek
2 šálky malinové zmrzliny
Čerstvé maliny
1/2 lžičky drcených vloček červené papriky

INSTRUKCE:
Vezměte 6 čokoládových sušenek a položte je dnem vzhůru na plech.
Na každou sušenku nasypte špetku drcených vloček červené papriky.
Na každou sušenku naberte malinovou zmrzlinu.
Navrch zmrzliny přidejte čerstvé maliny.
Na každý kopeček zmrzliny položte další čokoládovou sušenku a jemně stiskněte, abyste vytvořili sendvič.
Zmrzlinové sendviče před podáváním zmrazte alespoň na 2 hodiny.

71. Pikantní třešňový čokoládový zmrzlinový sendvič

SLOŽENÍ:
12 třešňových čokoládových sušenek
2 šálky pikantní třešňové zmrzliny
Čerstvé třešně, vypeckované a rozpůlené

INSTRUKCE:
Vezměte 6 třešňových čokoládových sušenek a položte je dnem vzhůru na plech.
Na každou sušenku naberte pikantní třešňovou zmrzlinu.
Na zmrzlinu přidejte půlky čerstvých třešní.
Na každý kopeček zmrzliny položte další třešňovou čokoládovou sušenku a jemně stiskněte, abyste vytvořili sendvič.
Zmrzlinové sendviče před podáváním zmrazte alespoň na 2 hodiny.

PÁROVÁNÍ NA BÁZI ČAJU

72. Sendvič se zmrzlinou Chai Nut

SLOŽENÍ:
- 2 hrnky sójového nebo konopného mléka (plnotučného)
- ¾ šálku odpařeného třtinového cukru
- ¼ lžičky mleté skořice
- ¼ lžičky mletého zázvoru
- 1 lžička vanilkového extraktu
- 1½ šálku syrových kešu ořechů
- 4 čajové sáčky chai
- 1/16 lžičky guarové gumy

INSTRUKCE:
a) Ve velkém hrnci smíchejte mléko a cukr. Na středním plameni za častého šlehání přiveďte směs k varu.
b) Jakmile dosáhne varu, snižte teplotu na středně nízkou a neustále šlehejte, dokud se cukr nerozpustí, asi 5 minut.
c) Odstraňte z ohně, přidejte skořici, zázvor a vanilku a promíchejte, aby se vše spojilo.
d) Kešu oříšky a sáčky chai čaje vložte na dno žáruvzdorné misky a zalijte je horkou mléčnou směsí. Necháme úplně vychladnout. Po vychladnutí vymačkejte čajové sáčky a vyhoďte je.
e) Přeneste směs do kuchyňského robota nebo vysokorychlostního mixéru a zpracujte do hladka, podle potřeby zastavte, abyste oškrábali boky.
f) Ke konci zpracování přisypte guarovou gumu a ujistěte se, že je dobře zapracována.
g) Nalijte směs do misky 1½ nebo 2-litrového zmrzlinovače a zpracujte podle pokynů výrobce. Před sestavením sendvičů skladujte ve vzduchotěsné nádobě v mrazáku alespoň 2 hodiny.
Chcete-li vyrobit sendviče
h) Nechte zmrzlinu mírně změknout, aby se dala snadno nabírat. Polovinu sušenek položte dnem nahoru na čistý povrch. Naberte na vršek každé sušenky jeden štědrý kopeček zmrzliny, asi ⅓ šálku.
i) Navrch zmrzlinu vložte zbývající sušenky tak, aby se spodní části dotýkaly zmrzliny. Jemně zatlačte na sušenky, abyste je vyrovnali.
j) Každý sendvič zabalte do plastového obalu nebo voskovaného papíru a před konzumací vraťte alespoň na 30 minut do mrazáku.

73. Earl Grey levandulové zmrzlinové sendviče

SLOŽENÍ:
- 1 ½ šálku univerzální mouky
- ½ lžičky jedlé sody
- ¼ lžičky soli
- ½ šálku nesoleného másla, změkčeného
- ½ šálku krystalového cukru
- ½ šálku baleného hnědého cukru
- 1 velké vejce
- 1 lžička vanilkového extraktu
- 2 lžíce čajových lístků Earl Grey
- 1 lžíce sušených květů levandule
- 1-pintová Earl Grey nebo vanilková zmrzlina

INSTRUKCE:

a) Předehřejte troubu na 375 °F (190 °C) a vyložte plech pečicím papírem.

b) V míse smíchejte mouku, jedlou sodu a sůl.

c) V samostatné mixovací misce ušlehejte změklé máslo, krystalový cukr a hnědý cukr, dokud nebudou světlé a nadýchané. Přidejte vejce a vanilkový extrakt a míchejte, dokud se dobře nespojí.

d) čajové lístky Earl Grey a sušené květy levandule na jemný prášek pomocí mlýnku na koření nebo hmoždíře. Přidejte čaj a levandulový prášek do máslové směsi a míchejte, dokud se rovnoměrně nerozdělí.

e) Do máslové směsi postupně přidávejte suché ingredience a míchejte, dokud se nespojí.

f) Zaoblené polévkové lžíce těsta dejte na připravený plech na pečení ve vzdálenosti asi 2 cm od sebe. Každou kouli těsta mírně zploštíme dlaní.

g) Pečte 10–12 minut, nebo dokud nejsou okraje zlatavě hnědé. Sušenky nechte úplně vychladnout.

h) Vezměte kopeček Earl Grey nebo vanilkové zmrzliny a vložte ji mezi dvě sušenky.

i) Zmrzlinové sendviče dejte do mrazáku alespoň na 1 hodinu, aby před podáváním ztuhly.

74. Sendviče se zmrzlinou ze zeleného čaje Matcha

SLOŽENÍ:
- 1 ½ šálku univerzální mouky
- 2 lžíce prášku ze zeleného čaje matcha
- ½ lžičky jedlé sody
- ¼ lžičky soli
- ½ šálku nesoleného másla, změkčeného
- ½ šálku krystalového cukru
- ½ šálku baleného hnědého cukru
- 1 velké vejce
- 1 lžička vanilkového extraktu
- 1-litrový zelený čaj matcha nebo vanilková zmrzlina

INSTRUKCE:
a) Předehřejte troubu na 375 °F (190 °C) a vyložte plech pečicím papírem.
b) V míse prošlehejte mouku, prášek ze zeleného čaje matcha, jedlou sodu a sůl.
c) V samostatné mixovací misce ušlehejte změklé máslo, krystalový cukr a hnědý cukr, dokud nebudou světlé a nadýchané. Přidejte vejce a vanilkový extrakt a míchejte, dokud se dobře nespojí.
d) Do máslové směsi postupně přidávejte suché ingredience a míchejte, dokud se nespojí.
e) Zaoblené polévkové lžíce těsta dejte na připravený plech na pečení ve vzdálenosti asi 2 cm od sebe. Každou kouli těsta mírně zploštíme dlaní.
f) Pečte 10–12 minut, nebo dokud okraje neztuhnou. Sušenky nechte úplně vychladnout.
g) Vezměte kopeček zeleného čaje matcha nebo vanilkové zmrzliny a vložte jej mezi dvě sušenky.
h) Zmrzlinové sendviče dejte do mrazáku alespoň na 1 hodinu, aby před podáváním ztuhly.

75.Sendviče se zmrzlinou s kořením Chai

SLOŽENÍ:
- 1 ½ šálku univerzální mouky
- ½ lžičky jedlé sody
- ¼ lžičky soli
- 1 lžíce čajových lístků chai
- 1 lžička mleté skořice
- ½ lžičky mletého zázvoru
- ¼ lžičky mletého kardamomu
- ¼ lžičky mletého hřebíčku
- ½ šálku nesoleného másla, změkčeného
- ½ šálku krystalového cukru
- ½ šálku baleného hnědého cukru
- 1 velké vejce
- 1 lžička vanilkového extraktu
- 1-litrové chai koření nebo vanilková zmrzlina

INSTRUKCE:
a) Předehřejte troubu na 375 °F (190 °C) a vyložte plech pečicím papírem.
b) V míse prošlehejte mouku, jedlou sodu, sůl, lístky čaje chai, mletou skořici, mletý zázvor, mletý kardamom a mletý hřebíček.
c) V samostatné mixovací misce ušlehejte změklé máslo, krystalový cukr a hnědý cukr, dokud nebudou světlé a nadýchané. Přidejte vejce a vanilkový extrakt a míchejte, dokud se dobře nespojí.
d) Do máslové směsi postupně přidávejte suché ingredience a míchejte, dokud se nespojí.
e) Zaoblené polévkové lžíce těsta dejte na připravený plech na pečení ve vzdálenosti asi 2 cm od sebe. Každou kouli těsta mírně zploštíme dlaní.
f) Pečte 10–12 minut, nebo dokud okraje neztuhnou. Sušenky nechte úplně vychladnout.
g) Vezměte kopeček chai koření nebo vanilkové zmrzliny a vložte ji mezi dvě sušenky.
h) Zmrzlinové sendviče dejte do mrazáku alespoň na 1 hodinu, aby před podáváním ztuhly.

76. sendviče s citronem a zázvorem

SLOŽENÍ:
- 1 ½ šálku univerzální mouky
- ½ lžičky jedlé sody
- ¼ lžičky soli
- Kůra z 1 citronu
- 1 lžíce strouhaného čerstvého zázvoru
- ½ šálku nesoleného másla, změkčeného
- ½ šálku krystalového cukru
- ½ šálku baleného hnědého cukru
- 1 velké vejce
- 1 lžička vanilkového extraktu
- 1-litrová citronová nebo zázvorová zmrzlina

INSTRUKCE:
a) Předehřejte troubu na 375 °F (190 °C) a vyložte plech pečicím papírem.

b) V míse prošlehejte mouku, jedlou sodu, sůl, citronovou kůru a nastrouhaný čerstvý zázvor.

c) V samostatné mixovací misce ušlehejte změklé máslo, krystalový cukr a hnědý cukr, dokud nebudou světlé a nadýchané. Přidejte vejce a vanilkový extrakt a míchejte, dokud se dobře nespojí.

d) Do máslové směsi postupně přidávejte suché ingredience a míchejte, dokud se nespojí.

e) Zaoblené polévkové lžíce těsta dejte na připravený plech na pečení ve vzdálenosti asi 2 cm od sebe. Každou kouli těsta mírně zploštíme dlaní.

f) Pečte 10–12 minut, nebo dokud okraje neztuhnou. Sušenky nechte úplně vychladnout.

g) Vezměte kopeček citronové nebo zázvorové zmrzliny a vložte ji mezi dvě sušenky.

h) Zmrzlinové sendviče dejte do mrazáku alespoň na 1 hodinu, aby před podáváním ztuhly.

77. sendviče s jasmínovým zeleným čajem

SLOŽENÍ:
- 1 ½ šálku univerzální mouky
- ½ lžičky jedlé sody
- ¼ lžičky soli
- 2 lžíce lístků jasmínového zeleného čaje
- ½ šálku nesoleného másla, změkčeného
- ½ šálku krystalového cukru
- ½ šálku baleného hnědého cukru
- 1 velké vejce
- 1 lžička vanilkového extraktu
- 1-litrový jasmínový zelený čaj nebo vanilková zmrzlina

INSTRUKCE:
a) Předehřejte troubu na 375 °F (190 °C) a vyložte plech pečicím papírem.
b) V míse prošlehejte mouku, jedlou sodu, sůl a lístky jasmínového zeleného čaje.
c) V samostatné mixovací misce ušlehejte změklé máslo, krystalový cukr a hnědý cukr, dokud nebudou světlé a nadýchané. Přidejte vejce a vanilkový extrakt a míchejte, dokud se dobře nespojí.
d) Do máslové směsi postupně přidávejte suché ingredience a míchejte, dokud se nespojí.
e) Zaoblené polévkové lžíce těsta dejte na připravený plech na pečení ve vzdálenosti asi 2 cm od sebe. Každou kouli těsta mírně zploštíme dlaní.
f) Pečte 10–12 minut nebo dokud okraje nezezlátnou. Sušenky nechte úplně vychladnout.
g) Vezměte kopeček jasmínového zeleného čaje nebo vanilkové zmrzliny a vložte jej mezi dvě sušenky.
h) Zmrzlinové sendviče dejte do mrazáku alespoň na 1 hodinu, aby před podáváním ztuhly.

PÁROVÁNÍ NA KÁVĚ

78. Kávové sendviče Zing

SLOŽENÍ:
- 2 šálky nebělené víceúčelové mouky
- 1 lžička jedlé sody
- ¼ lžičky soli
- 1 šálek nemléčného margarínu při pokojové teplotě
- ½ šálku baleného hnědého cukru
- ½ hrnku odpařeného třtinového cukru
- 2 lžičky instantní kávy
- 2 lžíce teplého nemléčného mléka
- 1½ lžičky vanilkového extraktu

INSTRUKCE:
a) Předehřejte troubu na 350 °F. Dva plechy vyložte pečicím papírem.
b) V malé misce smíchejte mouku, jedlou sodu a sůl. Ve velké míse smíchejte margarín, hnědý cukr a třtinový cukr.
c) Rozpusťte instantní kávu v teplém mléce a přidejte do směsi margarínu spolu s vanilkou. Suché ingredience přidávejte po dávkách k mokrým, dokud nebudou hladké.
d) Pomocí kapátka na sušenky nebo polévkové lžíce kápněte vrchovaté lžíce těsta na připravené plechy asi 2 palce od sebe.
e) Pečte 8 až 10 minut, nebo dokud okraje lehce nezezlátnou. Vyjměte z trouby a nechte 5 minut vychladnout na pánvi, poté vyndejte vychladnout na mřížku. Sušenky necháme úplně vychladnout.
f) Skladujte ve vzduchotěsné nádobě.

79. Mocha mandlové zmrzlinové sendviče

SLOŽENÍ:
- 1 ½ šálku univerzální mouky
- ¼ šálku neslazeného kakaového prášku
- ½ lžičky jedlé sody
- ¼ lžičky soli
- ½ šálku nesoleného másla, změkčeného
- ½ šálku krystalového cukru
- ½ šálku baleného hnědého cukru
- 1 velké vejce
- 1 lžička vanilkového extraktu
- 1 lžíce instantních kávových granulí
- ½ šálku nasekaných mandlí
- 1-pintová moka nebo čokoládová zmrzlina

INSTRUKCE:
a) Předehřejte troubu na 375 °F (190 °C) a vyložte plech pečicím papírem.
b) V míse smíchejte mouku, kakaový prášek, jedlou sodu a sůl.
c) V samostatné mixovací misce ušlehejte změklé máslo, krystalový cukr a hnědý cukr, dokud nebudou světlé a nadýchané. Přidejte vejce a vanilkový extrakt a míchejte, dokud se dobře nespojí.
d) Rozpusťte granule instantní kávy v 1 lžíci horké vody. Přidejte kávovou směs do máslové směsi a míchejte, dokud se rovnoměrně nespojí.
e) Do máslové směsi postupně přidávejte suché ingredience a míchejte, dokud se nespojí. Vmícháme nasekané mandle.
f) Zaoblené polévkové lžíce těsta dejte na připravený plech na pečení ve vzdálenosti asi 2 cm od sebe. Každou kouli těsta mírně zploštíme dlaní.
g) Pečte 10–12 minut, nebo dokud okraje neztuhnou. Sušenky nechte úplně vychladnout.
h) Vezměte kopeček moka nebo čokoládové zmrzliny a vložte ji mezi dvě sušenky.
i) Zmrzlinové sendviče dejte do mrazáku alespoň na 1 hodinu, aby před podáváním ztuhly.

80. sendviče Macchiato

SLOŽENÍ:
- 1 ½ šálku univerzální mouky
- ½ lžičky jedlé sody
- ¼ lžičky soli
- ½ šálku nesoleného másla, změkčeného
- ½ šálku krystalového cukru
- ½ šálku baleného hnědého cukru
- 1 velké vejce
- 1 lžička vanilkového extraktu
- 2 polévkové lžíce instantních kávových granulí
- ½ šálku karamelové omáčky
- 1-litrová káva nebo karamelová zmrzlina

INSTRUKCE:
a) Předehřejte troubu na 375 °F (190 °C) a vyložte plech pečicím papírem.
b) V míse smíchejte mouku, jedlou sodu a sůl.
c) V samostatné mixovací misce ušlehejte změklé máslo, krystalový cukr a hnědý cukr, dokud nebudou světlé a nadýchané. Přidejte vejce a vanilkový extrakt a míchejte, dokud se dobře nespojí.
d) Rozpusťte granule instantní kávy ve 2 lžících horké vody. Přidejte kávovou směs do máslové směsi a míchejte, dokud se rovnoměrně nespojí.
e) Do máslové směsi postupně přidávejte suché ingredience a míchejte, dokud se nespojí.
f) Zaoblené polévkové lžíce těsta dejte na připravený plech na pečení ve vzdálenosti asi 2 cm od sebe. Každou kouli těsta mírně zploštíme dlaní.
g) Pečte 10–12 minut, nebo dokud okraje neztuhnou. Sušenky nechte úplně vychladnout.
h) Vezměte kopeček kávy nebo karamelové zmrzliny a navrch pokapejte karamelovou omáčkou. Vložte ji mezi dvě sušenky.
i) Zmrzlinové sendviče dejte do mrazáku alespoň na 1 hodinu, aby před podáváním ztuhly.

81. Oříškové affogato zmrzlinové sendviče

SLOŽENÍ:
- 1 ½ šálku univerzální mouky
- ½ lžičky jedlé sody
- ¼ lžičky soli
- ½ šálku nesoleného másla, změkčeného
- ½ šálku krystalového cukru
- ½ šálku baleného hnědého cukru
- 1 velké vejce
- 1 lžička vanilkového extraktu
- ½ šálku nasekaných lískových ořechů
- 1-litrová lískooříšková nebo vanilková zmrzlina
- 1 šálek horkého espressa nebo silné kávy

INSTRUKCE:
a) Předehřejte troubu na 375 °F (190 °C) a vyložte plech pečicím papírem.
b) V míse smíchejte mouku, jedlou sodu a sůl.
c) V samostatné mixovací misce ušlehejte změklé máslo, krystalový cukr a hnědý cukr, dokud nebudou světlé a nadýchané. Přidejte vejce a vanilkový extrakt a míchejte, dokud se dobře nespojí.
d) Do máslové směsi postupně přidávejte suché ingredience a míchejte, dokud se nespojí. Vmícháme nasekané lískové ořechy.
e) Zaoblené polévkové lžíce těsta dejte na připravený plech na pečení ve vzdálenosti asi 2 cm od sebe. Každou kouli těsta mírně zploštíme dlaní.
f) Pečte 10–12 minut, nebo dokud okraje neztuhnou. Sušenky nechte úplně vychladnout.
g) Vezměte kopeček lískooříškové nebo vanilkové zmrzliny a vložte ji mezi dvě sušenky.
h) Zmrzlinový sendvič těsně před podáváním zalijte horkým uvařeným espressem nebo silnou kávou, abyste vytvořili affogato efekt.
i) Zmrzlinové sendviče dejte do mrazáku alespoň na 1 hodinu, aby před podáváním ztuhly.

82. Espresso brownie a sendvič s kávovou zmrzlinou

SLOŽENÍ:
- 12 čtverečků espresso brownie
- 2 šálky kávové zmrzliny

INSTRUKCE:
a) Vezměte 6 espresso brownie čtverečků a položte je dnem vzhůru na plech.
b) Na každý čtvereček koláčků položte kopeček kávové zmrzliny.
c) Na každý kopeček zmrzliny položte další čtvereček espresso brownie a jemně stiskněte, abyste vytvořili sendvič.
d) Zmrzlinové sendviče před podáváním zmrazte alespoň na 2 hodiny.

83. Kávový dort a moka mandlový zmrzlinový sendvič

SLOŽENÍ:
- 12 plátků kávového koláče
- 2 šálky moka mandlové zmrzliny

INSTRUKCE:
a) Vezměte 6 plátků kávového koláče a položte je dnem vzhůru na plech.
b) položte kopeček moka mandlové zmrzliny .
c) Na každý kopeček zmrzliny položte další plátek kávového dortu a jemně stiskněte, abyste vytvořili sendvič.
d) Zmrzlinové sendviče před podáváním zmrazte alespoň na 2 hodiny.

PÁROVÁNÍ ZALOŽENÉ NA DORTU

84. Sendvič se sójovou zmrzlinou z dortového těsta

SLOŽENÍ:
- ¾ šálku odpařeného třtinového cukru
- 2 lžičky marantového škrobu
- 2-½ hrnku sójového nebo konopného mléka (plnotučného)
- 1¼ lžičky máslového extraktu (věřte nebo ne , je to veganské!)
- 1 lžička vanilkového extraktu
- ¼ lžičky javorového extraktu

INSTRUKCE:
a) Ve velkém hrnci smíchejte cukr a marantový škrob a šlehejte, dokud se škrob nezapracuje do cukru.

b) Nalijte mléko, promíchejte, aby se zapracovalo. Na středním plameni za častého šlehání přiveďte směs k varu.

c) Jakmile dosáhne varu, snižte teplotu na středně nízkou a neustále šlehejte, dokud směs nezhoustne a nepokryje zadní část lžíce, asi 5 minut. Odstraňte z ohně, přidejte máslo, vanilku a javorové extrakty a promíchejte, aby se spojily.

d) Směs přendejte do žáruvzdorné misky a nechte zcela vychladnout.

e) Nalijte směs do misky 1½ nebo 2-litrového zmrzlinovače a zpracujte podle pokynů výrobce.

f) Před sestavením sendvičů skladujte ve vzduchotěsné nádobě v mrazáku alespoň hodinu.

NA VÝROBU CHLEBÍČKŮ
g) Zbývající posypky rozprostřete na malý talíř. Nechte zmrzlinu mírně změknout, aby se dala snadno nabírat. Polovinu sušenek položte dnem nahoru na čistý povrch. Naberte na vršek každé sušenky jeden štědrý kopeček zmrzliny, asi ⅓ šálku.

h) Navrch zmrzlinu vložte zbývající sušenky tak, aby se spodní části dotýkaly zmrzliny. Jemně zatlačte na sušenky, abyste je vyrovnali.

i) Okraje zmrzlinových sendvičů srolujte v posypu a potřete boky zmrzliny. Každý sendvič zabalte do plastového obalu nebo voskovaného papíru a před konzumací vraťte alespoň na 30 minut do mrazáku.

85.Red Velvet Cheesecake zmrzlinové sendviče

SLOŽENÍ:

- 1 krabice red velvet dort mix
- ½ šálku nesoleného másla, rozpuštěného
- 2 velká vejce
- 1-litrová smetanová sýrová zmrzlina

INSTRUKCE:

a) Předehřejte troubu na 350 °F (175 °C) a pečicí misku vyložte pečicím papírem.

b) V míse smíchejte směs na červený sametový dort, rozpuštěné máslo a vejce, dokud se dobře nespojí.

c) Těsto rovnoměrně rozetřeme do připravené zapékací mísy a pečeme 15-20 minut nebo dokud párátko zapíchnuté do středu nevyjde čisté. Nechte koláč úplně vychladnout.

d) Dort nakrájejte na čtverce nebo obdélníky, v závislosti na požadované velikosti vašich zmrzlinových sendvičů.

e) Vezměte kopeček smetanové zmrzliny a vložte ji mezi dva kousky dortu.

f) Zmrzlinové sendviče dejte do mrazáku alespoň na 1 hodinu, aby před podáváním ztuhly.

86.sendviče s arašídovým máslem

SLOŽENÍ:
- 1 směs čokoládového dortu
- ½ šálku nesoleného másla, rozpuštěného
- 2 velká vejce
- 1-litrový pohár arašídového másla zmrzliny

INSTRUKCE:
a) Předehřejte troubu na 350 °F (175 °C) a pečicí misku vyložte pečicím papírem.
b) V míse smíchejte směs čokoládového dortu, rozpuštěné máslo a vejce, dokud se dobře nespojí.
c) Těsto rovnoměrně rozetřeme do připravené zapékací mísy a pečeme 15-20 minut nebo dokud párátko zapíchnuté do středu nevyjde čisté. Nechte koláč úplně vychladnout.
d) Dort nakrájejte na čtverce nebo obdélníky, v závislosti na požadované velikosti vašich zmrzlinových sendvičů.
e) Vezměte kopeček zmrzliny z arašídového másla a vložte ji mezi dva kousky dortu.
f) Zmrzlinové sendviče dejte do mrazáku alespoň na 1 hodinu, aby před podáváním ztuhly.

87. Zmrzlinové sendviče s citronem a malinou

SLOŽENÍ:
- 1 koláč z obchodu nebo domácí koláč
- 1-litrový citronový sorbet nebo malinový sorbet
- Čerstvé maliny (volitelné)

INSTRUKCE:
a) Piškot nakrájíme na tenké plátky.
b) Vezměte kopeček citrónového sorbetu nebo malinového sorbetu a rozetřete jej na jeden plátek bábovky.
c) Položte na něj další plátek koláče a vytvořte sendvič.
d) Volitelné: Okraje sendviče ozdobte čerstvými malinami.
e) Opakujte postup pro přípravu dalších zmrzlinových sendvičů.
f) Zmrzlinové sendviče dejte do mrazáku alespoň na 1 hodinu, aby před podáváním ztuhly.

88. Mrkvový dort smetanový sýr zmrzlinové sendviče

SLOŽENÍ:
- 1 mrkvový dort z obchodu nebo domácí
- 1-litrová smetanová sýrová zmrzlina
- Nasekané vlašské ořechy (volitelné)

INSTRUKCE:
a) Mrkvový koláč nakrájejte na tenké plátky.
b) Vezměte kopeček smetanové zmrzliny a rozetřete ji na jeden plátek mrkvového dortu.
c) Navrch dejte další plátek mrkvového dortu a vytvořte sendvič.
d) Volitelné: Okraje sendviče obalte v nasekaných vlašských ořechách pro větší křupavost.
e) Opakujte postup pro přípravu dalších zmrzlinových sendvičů.
f) Zmrzlinové sendviče dejte do mrazáku alespoň na 1 hodinu, aby před podáváním ztuhly

89. sendviče se zmrzlinou

SLOŽENÍ:
- 1 krabice žlutého dortového mixu
- ½ šálku nesoleného másla, rozpuštěného
- 2 velká vejce
- 1-litrová banánová zmrzlina
- Čokoládová omáčka
- Nakrájené jahody
- Nakrájený ananas
- Nasekané ořechy (volitelné)
- Šlehačka

INSTRUKCE:
a) Předehřejte troubu na 350 °F (175 °C) a pečicí misku vyložte pečicím papírem.
b) V míse smíchejte směs žlutého koláče, rozpuštěné máslo a vejce, dokud se dobře nespojí.
c) Těsto rovnoměrně rozetřeme do připravené zapékací mísy a pečeme 15-20 minut nebo dokud párátko zapíchnuté do středu nevyjde čisté. Nechte koláč úplně vychladnout.
d) Dort nakrájejte na čtverce nebo obdélníky, v závislosti na požadované velikosti vašich zmrzlinových sendvičů.
e) Vezměte kopeček banánové zmrzliny a rozetřete ji na jeden kousek dortu.
f) Zmrzlinu pokapejte čokoládovou omáčkou, poté přidejte nakrájené jahody, ananas a podle potřeby ořechy.
g) Navrch dejte další kousek dortu a vytvořte sendvič.
h) Opakujte postup pro přípravu dalších zmrzlinových sendvičů.
i) Zmrzlinové sendviče dejte do mrazáku alespoň na 1 hodinu, aby před podáváním ztuhly.
j) Podávejte s kopečkem šlehačky navrchu a podle potřeby s dalšími polevami.

90. Čokoládový dort a sušenky a smetanový zmrzlinový sendvič

SLOŽENÍ:
- 12 plátků čokoládového dortu
- 2 šálky sušenek a smetanové zmrzliny

INSTRUKCE:
a) Vezměte 6 plátků čokoládového dortu a položte je dnem vzhůru na plech.
b) Na každý plátek dortu položte kopeček sušenek a smetanovou zmrzlinu.
c) Na každý kopeček zmrzliny položte další plátek čokoládového dortu a jemně stiskněte, abyste vytvořili sendvič.
d) Zmrzlinové sendviče před podáváním zmrazte alespoň na 2 hodiny.

91. Vanilkový piškotový dort a jahodový tvarohový zmrzlinový sendvič

SLOŽENÍ:
- 12 plátků vanilkového piškotu
- 2 šálky zmrzliny s jahodovým tvarohovým koláčem

INSTRUKCE:
a) Vezměte 6 vanilkových piškotových plátků a položte je na plech s pečicím papírem dnem vzhůru.
b) Na každý plátek dortu položte kopeček jahodové tvarohové zmrzliny.
c) Na každý kopeček zmrzliny položte další plátek vanilkového piškotového dortu a jemně stiskněte, abyste vytvořili sendvič.
d) Zmrzlinové sendviče před podáváním zmrazte alespoň na 2 hodiny.

92. Mrkvový dort a skořicový zmrzlinový sendvič

SLOŽENÍ:
- 12 plátků mrkvového dortu
- 2 šálky skořicové zmrzliny

INSTRUKCE:
a) Vezměte 6 plátků mrkvového koláče a položte je dnem vzhůru na plech.
b) Na každý plátek dortu položte kopeček skořicové zmrzliny.
c) Na každý kopeček zmrzliny položte další plátek mrkvového dortu a jemně stiskněte, abyste vytvořili sendvič.
d) Zmrzlinové sendviče před podáváním zmrazte alespoň na 2 hodiny.

PÁROVÁNÍ ZALOŽENÉ NA BROWNIE

93. Zmrzlinové sendviče se slaným karamelem

SLOŽENÍ:
- 1 krabička směs sušenek
- ½ šálku nesoleného másla, rozpuštěného
- 2 velká vejce
- 1-litrová slaná karamelová zmrzlina

INSTRUKCE:
a) Předehřejte troubu na 350 °F (175 °C) a pečicí misku vyložte pečicím papírem.
b) V míse smíchejte směs na sušenky, rozpuštěné máslo a vejce, dokud se dobře nespojí.
c) Těsto rovnoměrně rozetřeme do připravené zapékací mísy a pečeme 20-25 minut, nebo dokud nevyjde párátko zapíchnuté do středu s pár vlhkými strouhankami. Brownie nechte úplně vychladnout.
d) Brownie nakrájejte na čtverce nebo obdélníky, v závislosti na požadované velikosti vašich zmrzlinových sendvičů.
e) Vezměte kopeček slané karamelové zmrzliny a vložte ji mezi dva kousky brownie.
f) Zmrzlinové sendviče dejte do mrazáku alespoň na 1 hodinu, aby před podáváním ztuhly.

94. Sušenky a smetanové brownie zmrzlinové sendviče

SLOŽENÍ:
- 1 krabička směs sušenek
- ½ šálku nesoleného másla, rozpuštěného
- 2 velká vejce
- 1-litrové sušenky a smetanová zmrzlina

INSTRUKCE:
a) Předehřejte troubu na 350 °F (175 °C) a pečicí misku vyložte pečicím papírem.
b) V míse smíchejte směs na sušenky, rozpuštěné máslo a vejce, dokud se dobře nespojí.
c) Těsto rovnoměrně rozetřeme do připravené zapékací mísy a pečeme 20-25 minut, nebo dokud nevyjde párátko zapíchnuté do středu s pár vlhkými strouhankami. Brownie nechte úplně vychladnout.
d) Brownie nakrájejte na čtverce nebo obdélníky, v závislosti na požadované velikosti vašich zmrzlinových sendvičů.
e) Vezměte kopeček sušenek a smetanovou zmrzlinu a vložte ji mezi dva kousky sušenek.
f) Zmrzlinové sendviče dejte do mrazáku alespoň na 1 hodinu, aby před podáváním ztuhly.

95. Zmrzlinové sendviče z malinového fudge brownie

SLOŽENÍ:
- 1 krabička směs sušenek
- ½ šálku nesoleného másla, rozpuštěného
- 2 velká vejce
- 1-litrová malinová fudge zmrzlina

INSTRUKCE:
a) Předehřejte troubu na 350 °F (175 °C) a pečicí misku vyložte pečicím papírem.
b) V míse smíchejte směs na sušenky, rozpuštěné máslo a vejce, dokud se dobře nespojí.
c) Těsto rovnoměrně rozetřeme do připravené zapékací mísy a pečeme 20-25 minut, nebo dokud nevyjde párátko zapíchnuté do středu s pár vlhkými strouhankami. Brownie nechte úplně vychladnout.
d) Brownie nakrájejte na čtverce nebo obdélníky, v závislosti na požadované velikosti vašich zmrzlinových sendvičů.
e) Vezměte kopeček malinové zmrzliny a vložte ji mezi dva kousky sušenky.
f) Zmrzlinové sendviče dejte do mrazáku alespoň na 1 hodinu, aby před podáváním ztuhly.

96. Sendvič s mátovým brownie a chipsovou zmrzlinou

SLOŽENÍ:
- 12 čtverečků mátové čokolády
- 2 šálky mátové čokoládové zmrzliny

INSTRUKCE:
a) Vezměte 6 mátových čokoládových brownie čtverečků a položte je dnem vzhůru na plech.
b) Na každý čtvereček brownie položte kopeček mátové čokoládové zmrzliny.
c) Na každý kopeček zmrzliny položte další čtvereček mátové čokoládové sušenky a jemně stiskněte, abyste vytvořili sendvič.
d) Zmrzlinové sendviče před podáváním zmrazte alespoň na 2 hodiny.

97. Zmrzlinový sendvič s arašídovým máslem

SLOŽENÍ:
- 12 kroužků sušenek z arašídového másla
- 2 šálky zmrzliny s arašídovým máslem
- 1/4 šálku nasekaných arašídů (volitelně)

INSTRUKCE:
a) Vezměte 6 arašídových máslových spirálových brownie čtverečků a položte je dnem vzhůru na plech.
b) Na každý čtvereček brownie položte kopeček zmrzliny s arašídovým máslem.
c) Navrch zmrzliny posypte nasekané arašídy (pokud chcete).
d) Na každý kopeček zmrzliny položte další kroužkový koláček s arašídovým máslem a jemně stiskněte, abyste vytvořili sendvič.
e) Zmrzlinové sendviče před podáváním zmrazte alespoň na 2 hodiny.

98.Malinový Fudge Brownie a sendvič se zmrzlinou

SLOŽENÍ:
- 12 malinových fudge brownie čtverečků
- 2 šálky malinové vířivé zmrzliny
- Čerstvé maliny (volitelné)

INSTRUKCE:
a) Vezměte 6 malinových fudge brownie čtverečků a položte je dnem vzhůru na plech.
b) Na každý čtvereček brownie položte kopeček malinové zmrzliny.
c) Přidejte čerstvé maliny na vrchol zmrzliny (pokud chcete).
d) Na každý kopeček zmrzliny položte další čtvereček malinového koláčku a jemně stiskněte, abyste vytvořili sendvič.
e) Zmrzlinové sendviče před podáváním zmrazte alespoň na 2 hodiny.

99. S'mores Brownie a marshmallow zmrzlinový sendvič

SLOŽENÍ:
- 12 s'mores brownie čtverečků
- 2 šálky marshmallow zmrzliny
- Drcené grahamové sušenky

INSTRUKCE:
a) Vezměte 6 s'mores brownie čtverečků a položte je dnem vzhůru na plech.
b) Na každý čtvereček sušenky položte kopeček marshmallow zmrzliny.
c) Navrch zmrzliny posypeme drcenými grahamovými sušenkami.
d) Na každý kopeček zmrzliny položte další čtvereček s'mores brownie a jemně stiskněte, abyste vytvořili sendvič.
e) Zmrzlinové sendviče před podáváním zmrazte alespoň na 2 hodiny.

100. Red Velvet Brownie a smetanový sýr zmrzlinový sendvič

SLOŽENÍ:
- 12 červených sametových brownie čtverečků
- 2 šálky smetanové sýrové zmrzliny
- Červené sametové drobky (volitelné)

INSTRUKCE:
a) Vezměte 6 červených sametových brownie čtverečků a položte je dnem vzhůru na plech.
b) Na každý čtvereček brownie položte kopeček smetanové zmrzliny.
c) Navrch zmrzliny posypte drobky z červeného sametu (pokud chcete).
d) Na každý kopeček zmrzliny položte další čtvereček červeného sametu a jemně stiskněte, abyste vytvořili sendvič.
e) Zmrzlinové sendviče před podáváním zmrazte alespoň na 2 hodiny.

ZÁVĚR

Doufáme, že na konci naší cesty „PLNĚNÉ: SENDVIČ SUŠENKA KNIHA" jste byli inspirováni k prozkoumání lahodného světa plněných sendvičových sušenek a popustili uzdu své kreativitě v kuchyni. Ať už jste ostřílený pekař nebo nováček ve světě sendvičových sušenek, na těchto stránkách si každý najde něco, z čeho si pochutná.

Jak budete pokračovat v experimentování s různými příchutěmi, náplněmi a ozdobami, ať vám každá várka sendvičových sušenek, které upečete, přinese radost a uspokojení. Ať už je sdílíte s blízkými, dáváte je jako dárky nebo si je jednoduše užíváte se sklenkou mléka, ať sladké vrstvy dobroty v každé sušence rozzáří váš den a vytvoří trvalé vzpomínky.

Děkujeme, že jste se k nám připojili na této chutné cestě světem plněných sendvičových sušenek. Ať se vaše kuchyně naplní vůní čerstvě upečeného cukroví, váš stůl lahůdkami ze sladkých dobrot a vaše srdce radostí z pečení. Dokud se znovu nepotkáme, šťastné pečení a dobrou chuť!

www.ingramcontent.com/pod-product-compliance
Lightning Source LLC
Chambersburg PA
CBHW071904110526
44591CB00011B/1541